Dr. med. Anne Fleck

Gesünder geht's kaum

GOLDMANN

Süßkartoffel-Falafeln auf Blattsalaten mit Orangenfilets

Rote-Bete-Carpaccio mit Rucola, Feta und Kürbiskernöl-Dill-Dressing

Gemüsecurry mit Kokosmilch

Grüner Pfannenspargel mit Kürbiskernen und Kirschtomaten

Blattspinat mit gerösteten Blumenkohlröschen

Tofu-Omelett mit Pilzen und Kürbiskern-Gremolata

Ofen-Süßkartoffel gefüllt mit Pulled Mushrooms in Kräutercreme

Scharfe Karottensuppe mit Tahini, Limette und Frühlingszwiebel

Blaubeer-Bananen-Nice-Cream mit Pistazien

Dr. med. Anne Fleck

Gesünder geht's kaum

Köstliche **vegane Rezepte** zur idealen Nährstoffversorgung mit optionalen Portionen Fleisch, Fisch oder Käse

Rezepte von Bettina Matthaei
Fotos von Hubertus Schüler

GOLDMANN

Alle Ratschläge in diesem Buch wurden von der Autorin und vom Verlag sorgfältig erwogen und geprüft. Eine Garantie kann dennoch nicht übernommen werden. Eine Haftung der Autorin beziehungsweise des Verlags und seiner Beauftragten für Personen-, Sach- und Vermögensschäden ist daher ausgeschlossen.

MIX
Papier | Fördert gute Waldnutzung
FSC® C106600

Penguin Random House Verlagsgruppe FSC® N001967

1. Auflage
Vollständige Taschenbuchausgabe August 2024

Autorin: Dr. med. Anne Fleck
Rezepte: Bettina Matthaei
Illustrationen: Katharina Fleck
Food-Fotografie: Hubertus Schüler
Assistenz Food-Fotografie: Benedikt Obermeier
Foodstyling: Stefan Mungenast
Fotos iStock: S. 11, 37, 47, 69, 91, 175
Autorinnenfoto: Jonas Wresch
Projektleitung: Valerie Meyer
Projektmanagement: Philine Anastosopoulos
Layout: Dipl.-Des. Caroline Mohr
Lektorat: Doreen Köstler
Fachlektorat Rezepte: Şebnem Yavuz
Umschlag: UNO Werbeagentur, München,
nach einem Entwurf von Dipl.-Des. Justyna Schwertner
Umschlagmotiv: Katharina Fleck (Illustrationen), Jonas Wresch (Autorinnenfoto)
Satz: Uhl + Massopust, Aalen
Druck und Bindung: DZS, Llubljana
Printed in Slovenia
KW · IH

ISBN 978-3-442-17995-4

www.goldmann-verlag.de

Inhalt

Rezepte

Exkurse

„Eine optimale Ernährung liefert viel Pflanzenkost und clevere Strategien zur Nährstoffversorgung."

Mit jedem Bissen ein bisschen mehr Vitalität

Jetzt haben Sie den Salat und noch mehr Gemüse! Oder anders ausgedrückt hoffentlich bald (noch) mehr Grünzeug auf dem Teller. Die Idee, „Gesünder geht's kaum" für Sie zu schreiben, verdanke ich verschiedenen Impulsen. Immer wieder erreicht mich der Wunsch, ein Kochbuch auf den Weg zu bringen, das neue Forschung widerspiegelt und innovative, einfache, nährstoffausgewogene Rezepte und vegane Küche als Schwerpunkt bietet. Außerdem war mein geheimer Wunsch: Es sollte ein Buch werden, das inspiriert und pflanzenbetonte Rezepte liefert, die so richtig gut schmecken. So gut, dass selbst Obelix freiwillig auf seine tägliche Wildschweinportion verzichten würde. Et voilà!

Doch zunächst tauche ich mit Ihnen kurz in die Anfänge der pflanzenbetonten Ernährung ein. Die Entscheidung, möglichst viel Pflanzenkost zu verzehren, ist keine Modeerscheinung. Die Wurzeln der pflanzenbasierten Ernährung gehen bis in die Antike zurück. So schätzten bereits der Philosoph Pythagoras (570 bis 500 vor Christus) und das Universalgenie Leonardo da Vinci (1452–1519 nach Christus) eine pflanzenbetonte Lebensweise. Breiter akzeptiert wurde die vegetarische Ernährung erst im Laufe des 19. Jahrhunderts. Die offiziellen Anfänge der veganen Lebens- und Ernährungsweise, die sich aus dem Vegetarismus entwickelte, gehen auf 1944 zurück und drücken sich auch in der neuen Wortschöpfung „vegan" aus. Die wissenschaftliche Diskussion um Risiken und Chancen einer rein pflanzlichen Ernährung hält an. Eine Ernährung, die individuell passt, die Vorlieben und Verträglichkeiten berücksichtigt und Pflanzenkost als wichtigsten Nährstofflieferanten ins Rennen schickt, ist jedoch grundsätzlich als gesund zu bewerten.

Nach Studien schneiden Menschen mit einer Vorliebe für pflanzenbetonte Ernährung in Sachen Gesundheit meist besser ab als die klassischen Fleischesser. Das liegt meist am aktiven und gesundheitsaffinen Lebensstil derer, die sich für eine vegane (oder auch vegetarische) Ernährung entscheiden. Die Ergebnisse überraschen nicht. Ein Fleisch-Wurst-Esser mit Vorliebe für Weißmehlprodukte und Fastfood, der Grünzeug im Supermarkt oft übersieht, vielleicht raucht und ein Bewegungsmuffel ist, wird unweigerlich schlechter im Gesundheits-Check abschneiden als das bewusst lebende „Gesundle", das viel in seinen Gesunderhalt investiert, sich für Joggen, Yoga, Radfahren etc. begeistert und außerdem in vorbildlicher Regelmäßigkeit gesunde Portionen Pflanzenkost verspeist. (Apropos: Wer sich für ausführliche Hintergründe und Literaturangaben zum Thema „Ernährung" interessiert, dem empfehle ich meine weiteren medizinischen Buchveröffentlichungen.)

Die vegane Küche hat sich etabliert und bietet auch dem Nichtveganer viele Inspirationen – geschmacklich wie gesundheitlich. Inzwischen haben viele vegane Produkte den Markt erobert. Schon lange

bieten Supermärkte vegan gekennzeichnete Produkte an. Firmen scheuen keine Kosten, um etwa eine Currywurst geschmacklich fast originalgetreu nachzubasteln, und auch die Zahl der Milch- und Käsealternativen wächst beachtlich.

Doch hier gilt es, genauer hinzusehen, denn automatisch gesund ist vegan etikettierte Nahrung noch lange nicht. Nicht selten finden sich darin Zucker, Zuckerersatzstoffe, Zusätze wie künstliche Aromen und Farbstoffe, Carrageen (E 407; ein Konservierungsstoff, der in Studien bei regelmäßigem Verzehr Entzündungen der Darmschleimhaut fördern kann) und vieles mehr. Was in bunten Marketingversprechen teilweise als gesund und vegan angeboten wird, sollte man seinem Körper nicht auf Dauer zumuten.

Gesundheitlich zuträglich ist die vegane Ernährung dann, wenn sie aus unverarbeiteten frischen Lebensmitteln mit hohem Gemüseanteil zubereitet wird und die Klippen eines Nährstoffmangels umsegelt. Die Wahl von regionalen und saisonalen Lebensmitteln hilft nämlich, die solide Versorgung des Körpers mit Vitalstoffen zu sichern. Eine große Portion frisch zubereitete Pflanzenkost liefert Vitamine, Mineralien, Spurenelemente, Ballaststoffe und sekundäre Pflanzenstoffe, die auf jeden gesunden Teller gehören. Der zeitlos gesunde Teller, wie ich ihn auch in meinem Buch „SCHLANK! und gesund mit der Doc Fleck Methode" beschreibe, ist idealerweise bis zur Hälfte mit sättigendem Gemüse, Salaten und/oder auch zuckerarmem Obst bestückt. Ihr Magen liebt es, mit nährstoffdichtem, wasserreichem Grünzeug betankt zu werden. Pflanzenkost ist nicht nur der perfekte Sattmacher, sie stärkt durch Ballaststoffe die schlank machenden Darmbakterien, fördert die existenziell wichtigen, gesund erhaltenden Bataillone Ihres Immunsystems und sorgt für Ihr Idealgewicht. Fein schmeckende Nüsse, Kerne, Samen und Hülsenfrüchte sowie gesundes Fett wie hochwertige, frisch gepresste Omega-3-Fette liefern die notwendigen Eiweißmengen und ideales Fett als Zellfutter de luxe.

So umgesetzt und mit reichlich Abwechslung in den Mahlzeiten scheint eine vegane Ernährung ein gangbarer Weg zur gesunden Ernährung. Und diese ist immer die entscheidende Rampe zur individuellen Gesundheit und wichtig für ein gesundes, starkes Immunsystem.

Bedauerlicherweise sind unausgewogen und mangelernährte Menschen eine weit verbreitete kritische Patientengruppe. Nicht selten sehe ich dabei Patientinnen und Patienten in der Praxis, die unter einer reduzierten Infektabwehr leiden, zum Beispiel unter Herpes oder anderen Infekten, Energiemangel, Migräne, trockener Haut, Haarausfall sowie Verdauungsbeschwerden, und eine allgemein limitierte körperliche und seelische Belastungstoleranz beklagen. Die Gründe für solche Zustände sind filigran und vielfältiger Art. Meist sind beim Blick auf das Ernährungsprotokoll zu viel Zucker oder Süßstoff, reichlich Kohlenhydrate, die fehlende Begeiste-

„Jeder von uns braucht einen kritischen, liebevollen Blick auf die Teller und die Vitalstoffversorgung."

rung für Gemüse und der Mangel an hochwertigem Eiweiß und gesundem Fett heimliche Brandbeschleuniger der Symptome. Aber auch latente Störungen der Darmschleimhautbarriere wie durch den Verzehr von jahrelang reichlich Weizenprodukten können die Gesundheit beeinträchtigen, vor allem wenn eine Unverträglichkeit nicht erkannt ist.

Eine vegane Ernährung kann – klug umgesetzt – gesundheitliche Vorteile vereinen. Langfristig sollte sie auch professionell begleitet und kontrolliert werden und eine akribisch optimierte Nährstoffbilanz liefern, um der Gefahr von Nährstoffdefiziten vorzubeugen. Die Leitlinien der Deutschen Gesellschaft für Ernährung (DGE) und andere internationale Publikationen verweisen auf das Risiko von Nährstoffdefiziten. Vor allem Vitamin B_{12}, Vitamin D, langkettige Omega-3-Fettsäuren (Docosahexaensäure und Eicosapentaensäure), Calcium und Jod, Zink, Selen und Eisen sowie Eiweiß gelten bei ausschließlich veganer Ernährung als potenzielle Mangelware. Dieser Fakt darf nicht unterschätzt werden. Allerdings sehe ich in der Praxis auch Allesesser mit heftigem Vitalstoffmangel. Also braucht jeder von uns einen kritischen, liebevollen Blick auf die Teller und die Vitalstoffversorgung.

Längst ist bekannt: Über Jahre verkannte Mikronährstoffmängel sind die zischende Zündschnur für chronische Krankheiten. Mit einer optimalen Nährstoffbilanz lässt sich viel Gesundheit bewahren, lassen sich Krankheiten lindern oder sogar überwinden. Deswegen braucht es im Alltag in Ihren täglichen Mahlzeiten eine ideale Versorgung mit Nährstoffen. Mir liegt daran, dass Sie und Ihre Lieben ein Leben in langer und bestmöglicher Gesundheit genießen – ohne Herzinfarkt, ohne Schlaganfall, ohne Übergewicht, ohne Arthrose und frei von Autoimmunkrankheiten, Schmerzen, Diabetes, Demenz oder Krebs. Deshalb fokussieren wir uns an dieser Stelle auf Nährstoffe, die vor allem bei jahrelang ausschließlich veganer und einseitiger Ernährung zu kurz kommen.

VITAMIN B_{12}

Dieses Vitamin findet sich natürlich und in ausreichenden Mengen nur in Lebensmitteln tierischen Ursprungs (Fleisch, Eier, Milch und Milchprodukte). Daher ist bei einer veganen Ernährungsweise eine gezielte Nahrungsergänzung obligatorisch. Ein langjähriger **Vitamin-B_{12}-Mangel** verursacht irreversible Störungen des Nervensystems bis hin zur Lähmung. Er macht müde. Er schwächt Ihre Konzentration und provoziert Gedächtnislücken, trockene Haut und Schleimhaut, Haarausfall, Muskelschwäche, Kopfschmerzen, Migräne, Depressionen ... Die Liste der unerquicklichen Symptome und Krankheiten ist lang und gipfelt sogar potenziell in einer Demenz. Zum Glück hat sich die Notwendigkeit einer adäquaten Versorgung mit Vitamin B_{12} herumgesprochen und wird in der gängigen Praxis immer besser berücksichtigt. Neben den klassischen Nahrungsergänzungen (Kapseln) gibt es neue Wege für die unkomplizierte Aufnahme, zum Beispiel durch Spray oder Zahnpasta. So kann Ihr täglicher Bedarf über die Mundschleimhaut aufgenommen werden. Innovative Produkte kombinieren Bitterstoffe in Sprayform mit Vitamin B_{12}. So schlägt man zwei Fliegen mit einer Klappe: Bitterstoffe hemmen Heißhunger, fördern die Verdauung und wirken präbiotisch. Sie sind also eine Delikatesse für die gesund erhaltende Darmflora. Der tägliche Einsatz von Bitterstoffen stärkt Ihre Immunabwehr, beugt Gallensteinen, Diabetes, Fettleber, Depressionen und Demenz vor und fördert die Arbeit Ihrer fleißigen Leber, die sich auch in dieser Sekunde für Ihre Verdauung, Ihre Entgiftung und Stoffwechselarbeit abrackert.

Leider ist auch bei Menschen, die regelmäßig tierische Produkte verzehren, nicht selten ein Vitamin-B_{12}-Mangel nachweisbar. Diese konstante Beobachtung aus der klinischen Praxis demonstriert, wie wichtig aus Sicht der modernen Präventivmedizin die Messung von Nährstoffen zur Detektion von Mangelzuständen und zur Therapiekontrolle ist.

JOD

Ein latenter **Jodmangel** ist bei veganer Ernährung gar nicht selten, aber leider oft unberücksichtigt, und er ist – Frauen aufgepasst – eine Erklärung für ständiges Frieren, Schwierigkeiten beim Abnehmen oder ein Sich-oft-benebelt-Fühlen. Er schwächt außerdem potenziell Ihre Schilddrüse – mit weitreichenden Konsequenzen wie Konzentrationsstörungen, Erschöpfung oder Depressionen. Die Wirkung von Jod für Ihre Gesundheit fußt auf dem tiefgreifenden Vermögen, die Zellfunktion und die körpereigene Entgiftung zu regulieren. Die moderne Forschung empfiehlt deshalb nach Indikation eine mit Ärzten Ihres Vertrauens abgestimmte kontrollierte Einnahme von Jod sogar über den Verzehr von jodiertem Speisesalz hinaus. Dieses wichtige Puzzlestück innovativer Vorsorgemedizin geht leider noch oft verloren. Bei der Wahl von Speisesalz sollten Sie auf unbehandeltes, unraffiniertes Salz setzen, das frei von Bleichmitteln und anderen Rieselhilfen ist.

OMEGA-3-FETTSÄUREN

Seit Jahren schwöre ich auf die Heilkraft von gesunden Fetten als integralem Bestandteil der täglichen Ernährung. Vor allem die langkettigen Omega-3-Fette Docosahexaensäure (DHA) und Eicosapentaensäure (EPA), die in höheren Konzentrationen in Meeresfrüchten und fettreichen Kaltwasserfischen anzutreffen sind (Lachs, Makrele, Thunfisch, Hering und Sardine), beweisen einen bemerkenswerten Nutzen für die Gesundheit. Sie stärken etwa Ihre Gedächtnisleistung und schützen vor niedriggradigen Entzündungen und entzündungsbedingten Krankheiten. Diese Fettsäuren formen die Gesundheit Ihrer kleinsten Gefäße und Nerven und davon profitieren Sie bis ins hohe Alter. Omega-3-Fette allgemein sind elementare Bausteine Ihrer Körperzel-

len (Zellmembran). Mangelt es an diesen wichtigen Fettsäuren in Ihrem Körper, leidet die Funktion der kleinsten Einheiten des Körpers, Ihre Körperzellen.

Das Problem der Überfischung der Meere und die Schadstoffbelastung der Fische mit Mikroplastik (durch dramatische Vermüllung der Weltmeere) oder Quecksilber auf der einen Seite und die Notwendigkeit einer täglich optimalen Omega-3-Versorgung auf der anderen Seite lassen den Ruf nach schadstofffreien Alternativen laut werden. Deshalb empfiehlt sich die tägliche Zufuhr von hochwertigen Algenölen, also von Ölen wie Lein-, Oliven- oder Hanföl, die mit den aus den Algen gewonnenen langkettigen Fettsäuren DHA und EPA versetzt werden. Innovative Fertigpräparate kombinieren solche Öle mit Vitamin-E-haltigem Weizenkeimöl als perfektem Antioxidationsschutz und optional mit Vitamin D_3. Da Vitamin D_3 fettlöslich ist, wird es so optimal aufgenommen. Ein qualitativ einwandfreies Algenöl beziehen Sie am besten frisch vom Hersteller. Achten Sie bei den Herstellerangaben darauf, dass solche Öle obligatorisch unter Ausschluss von Licht, Hitze und Sauerstoff gepresst wurden, zum Beispiel im patentierten Omega-safe-Verfahren. Nur so sind die empfindsamen Omega-3-Fettsäuren optimal vor Oxidation geschützt. Eine dunkle Flasche allein ist leider kein Garant für Qualität. Entscheidend für die Qualität sind die Frische des Produkts und die Herstellungsbedinungen.

SELEN

Die Konzentration von Selen in den Erdböden ist von Region zu Region immens unterschiedlich und deshalb schwankt die Nährstoffdichte in den

Lebensmitteln abhängig vom Standort. Länder in Mitteleuropa wie Deutschland, Österreich oder die Schweiz, Skandinavien und China gelten eher als Selenmangelgebiete. Ein Selenmangel bremst Ihre gesunde Schilddrüsenfunktion aus, schwächt Ihr Immunsystem und fördert potenziell das Entstehen von Autoimmunkrankheiten. Auch werden Herz- und Muskelschwäche, Augenkrankheiten, unerfüllter Kinderwunsch, Neigung zu Fehlgeburten oder (Schwangerschafts-)Diabetes auf einen gestörten Selenhaushalt zurückgeführt. Der Respekt vor möglichen toxischen Wirkungen von Selen ist leider aktuell oft größer als der Respekt vor den elementaren Funktionen für die regelhaften Abläufe im Organismus und die Entgiftungsarbeit.

Selen findet sich in Rindfleisch, fettem Fisch, vor allem in Hering und Makrele, in Eiern und Hartkäse. Als pflanzliche Alternativen mit relativ hoher Nährstoffdichte gelten Paranüsse und Sojabohnen, auch Brokkoli, Weißkohl, Knoblauch, Zwiebeln und Hülsenfrüchte punkten mit Selen und gehören je nach Verträglichkeit möglichst oft auf den Teller.

CALCIUM

Calcium ist wichtig für gesunde Knochen und Zähne, Muskelpower, die Blutgerinnung und die korrekte Signalübertragung im Nervensystem. Milch und Milchprodukte, früher die meistzitierten Calciumquellen, werden in jüngeren Empfehlungen durch den Verweis auf pflanzliche Alternativen ergänzt. Das ist sinnvoll. In asiatischen Ländern, die bekanntlich kaum Milchprodukte verzehren, ist Osteoporose weit weniger häufig.

Calcium aus der Ernährung liefern Ihnen Gemüse und Salate wie vor allem Brokkoli, Fenchel und Rauke, Nüsse, Kerne (vor allem Sesam), Hülsenfrüchte und calciumreiches Mineralwasser. Um die Calciumbalance im Körper optimal zu justieren, ist die ausreichende Zufuhr von Vitamin D_3 wichtig.

VITAMIN D_3

Ein ausreichender Vitamin-D_3-Spiegel stärkt die Gesundheit von Knochen und Zahnapparat, schützt vor Herzinfarkt und Schlaganfall, boostert Ihr Immunsystem durch Bildung der natürlichen Killerzellen, beugt Diabetes mellitus, Lichtmangeldepression und Krebs vor. Dieser Tausendsassa findet sich vor allem in tierischen Lebensmitteln wie fettem Fisch oder Eiern, als pflanzliche Vitamin-D-Quellen gelten Pilze und Avocados. Allerdings erreichen Sie über die alleinige Zufuhr aus Lebensmitteln in der Regel keinen ausreichenden Spiegel. Die Vitamin-D_3-Aufnahme findet im Körper vor allem durch UV-Lichtbestrahlung in der Haut statt. In unseren Breitengraden ist die Aufnahme von Vitamin D_3 nur zwischen Anfang April und Anfang Oktober bei ausreichend langem Aufenthalt in der Sonne möglich. Die gezielte Nahrungsergänzung ist nicht nur beim Erwachsenen, sondern vor allem auch im Kindes- und Jugendalter sinnvoll, da bei bedecktem

Himmel und bei Stubenhockern auch während der Sommermonate oft kein ausreichender Vitamin-D-Spiegel erreicht wird.

Grundsätzlich sollte man versuchen, die Versorgung mit Nährstoffen über vollwertige Mahlzeiten zu decken. Die kontrollierte Supplementierung mit hochwertigen Nahrungsergänzungen nach Reinsubstanzenprinzip (also Präparate, die frei von Zusatz-, Farb- und Füllstoffen sind) kann bei vegan und nicht vegan lebenden Menschen essenzielle Nährstofflücken schließen und Defiziten vorbeugen.

Für viele Menschen ist es geschmacklich und gesundheitlich charmant, Nährstoffdefiziten durch wiederholte kleine Zugaben tierischer Lebensmittel vorzubeugen – im Sinne einer flexitarischen Ernährung. Man is(s)t flexibel und switcht gelegentlich gezielt um und ergänzt die Mahlzeiten mit kleineren Mengen an Fisch, Fleisch oder Käse. Man setzt auf Nachhaltigkeit und Qualität statt auf minderwertige Quantität und Massentierhaltung. Diese Art, durch gesunde und genussvolle Mahlzeiten nebenbei kritische Nährstoffe aufzufüllen, kann sich lohnen. Denn von einem gut gefüllten Nährstoffspeicher kann ein Körper auch zehren.

Im Buch ist dieses gewisse Extra, also die Erweiterung der veganen Grundrezepte für Vegetarier und Normalesser, immer als Option angegeben. Wenn Sie wollen, können Sie nach Belieben wechseln. So kommen Sie Ihrem Wunsch, mehr Pflanzenkost zu genießen und für Ihre Gesundheit vorzusorgen, ein großes Stück näher. Außerdem hilft Ihnen „Gesünder geht's kaum", alle am Tisch so zu verwöhnen, wie es passt. Der geschmackliche Ab-und-zu-Pepp von Fleisch, Käse oder Fisch sorgt zudem, falls gewünscht, für die notwendige Abwechslung, um Ihre Ernährung mit Freude am Genuss dauerhaft erfolgreich auszufeilen. Und noch etwas ist wichtig: Ihre Ernährung sollte zu IHNEN passen. Gestalten Sie sie frei nach Ihren Vorlieben und Verträglichkeiten und lassen Sie den gesunden Genuss nie zu kurz kommen, ganz egal, ob Sie sich rein vegan, plus X oder à la „Ich esse vom Prinzip her alles" ernähren.

So freue ich mich, wenn Sie dieses Buch, das Sie jetzt in den Händen halten, zu einem neuen Abenteuer in Ihrer Küche inspiriert. Die wunderbar schmeckenden und mit Bettina Matthaei liebevoll ausgetüftelten Rezepte bringen das angewandte Wissen der Forschung auf Ihre Teller und spiegeln die fundierte Auswahl von Lebensmitteln mit exzellenter Nährstoffbilanz wider. Bei der Entwicklung der Rezepte haben wir auch auf die ausreichende Versorgung mit Eiweißen geachtet. Denn die bedarf bei pflanzenbetonter Ernährung besonderer Expertise, Sorgfalt und Liebe zum Detail.

Legen Sie los! Lassen Sie sich vielleicht schon bald von positiven Nebenbei-Effekten überraschen und genießen Sie peu à peu mehr Vitalität.

Herzlichst, Ihre Dr. med. Anne Fleck

Die bunte Basis – Gemüse, Blattsalate und Obst

Gemüse sollte das Fundament einer gesunden pflanzenbasierten Ernährung ausmachen. Das Angebot ist riesig und man steht beim Gang über den Wochenmarkt vor der sprichwörtlichen Qual der Wahl. Auch Supermärkte haben ein reichhaltiges Angebot. Ein einfacher Trick hilft Ihnen dabei, nicht nur irgendein Gemüse einzukaufen, sondern regional und saisonal, aber auch so abwechslungsreich und gleichzeitig so bunt wie möglich, denn die Farben deuten auf die sekundären Pflanzenstoffe hin. Das Zauberwort heißt **„dunkelbunt"**: je dunkler und intensiver die Farben, desto reichhaltiger die inneren Werte.

ROTE BETE

Ein wunderbares Beispiel sind die extrem farbintensiven Roten Beten, die den gelben, weißen oder rosafarbenen Beten unbedingt vorzuziehen sind.

Sie verfügen über einen hohen Gehalt an den Vitaminen A, C, B und Folsäure sowie an wichtigen Mineralstoffen wie Kalium, Calcium, Magnesium, Jod, Phosphor und Eisen. Vor allem aber enthalten sie Betain, einen Stoff, der das Risiko für Herzkrankheiten senkt, und Anthocyane, wertvolle sekundäre Pflanzenstoffe mit entzündungshemmender Wirkung, die krebsschützend wirken, sowie Nitrat, das den Blutdruck nachweislich senkt. Regelmäßiger Genuss von Rote-Bete-Saft verstärkt die gesunde Funktion der Mitochondrien, der kleinen Zellkraftwerke, was Ihre Leistungskraft verbessert.

HOKKAIDO

Ein intensiv orangefarbener Hokkaido – oder auch Muskatkürbis – ist im Vergleich mit einem blasseren Butternutkürbis zu bevorzugen.

Schon das leuchtende Orange deutet auf einen hohen Gehalt an antioxidativem Betacarotin hin, das bei Bedarf im Körper in Vitamin A umgewandelt werden kann, das wiederum gut für Augen und Schleimhäute ist. Betacarotin selbst wirkt antientzündlich und hautschützend vor UV-Strahlen. Hokkaido enthält auch das wichtige Alpha-Carotin, das Alterungsprozesse und sogar Tumorwachstum verlangsamen kann. Dazu kommen noch reichlich Vitamine und Mineralien, zum Beispiel Vitamin C, einige B-Vitamine und Kalium.

GRÜNER SPARGEL VS. WEISSER SPARGEL

Ebenso ist die violette Urmöhre der orangen Zuchtform vorzuziehen oder der grüne dem weißen Spargel.

Spargel gilt allgemein als sehr gesund. Er ist reich an Folsäure, Biotin und den Vitaminen B und D. Dazu enthält er reichlich Kalium und Magnesium. Spargel besteht zu 90 Prozent aus Wasser, ist kalorienarm, aber ballaststoffreich. Der typische Geschmack entsteht durch schwefelhaltige Inhaltsstoffe. Für den typischen Uringeruch nach dem Verzehr von Spargel sind die schwefelhaltigen Abbauprodukte der Asparaginsäure verantwortlich. Spargel enthält auch Purine, bei deren Abbau im Körper Harnsäure entsteht. Wer Gicht hat und zu Nierensteinen neigt, sollte beim Spargelgenuss zurückhaltend sein.

Grüner Spargel darf – anders als weißer Spargel, der unter der Erde wächst – Sonnenbäder nehmen, wodurch er Chlorophyll ausbildet, was man an der grünen Farbe gut erkennt. Grüne Stangen enthalten dadurch auch mehr Vitamin C und Betacarotin als die weißen. Manche Sorten haben violette Köpfe und Schuppen, was auf Anthocyane hinweist.

KOHLSORTEN

Unter den vielen Gemüsearten ist die Gruppe der Kohlsorten herausragend, was ihre Inhaltsstoffe angeht. Dabei übertreffen wiederum die dunkleren Sorten wie Grünkohl, Schwarzkohl, Rosenkohl und Brokkoli den weißen Blumenkohl.

GRÜNKOHL hat vor einigen Jahren ein echtes Comeback hingelegt. Als beliebtes Superfood wird er jetzt nicht mehr nur traditionell lange gekocht serviert, sondern auch roh, kurz blanchiert oder knusprig gebacken. In den Top-Ten-Listen der gesündesten Gemüsesorten spielt er ganz oben mit. Bereits 100 g Grünkohl liefern stattliche 4,5 g Ballaststoffe und ebenso viel Calcium wie 200 ml Milch. Er steckt voller gesunder Eiweiße, Vitamine und wertvoller Antioxidantien und wirkt antientzündlich, antimikrobiell, herzschützend sowie blutdruck- und cholesterinsenkend.

BROKKOLI enthält viele Mineralstoffe wie Calcium, Magnesium, Kalium und Schwefel sowie Betacarotin und die Vitamine C, K und B_5. Vor allem finden sich Glucosinolate, sekundäre Pflanzenstoffe, denen man eine antibakterielle und antikanzerogene Wirkung zuschreibt. Um möglichst viele dieser Inhaltsstoffe aufzunehmen, empfiehlt es sich, Brokkoli öfter roh oder schonend gedämpft zu essen.

ROSENKOHL Die auch als Kohlsprossen bekannten Minikohlköpfe stecken voller Vitamine, allen voran Vitamin C. Schon 100 g Rosenkohl decken den Tagesbedarf an Vitamin C. Dazu kommen B-Vitamine, Vitamin A und Vitamin K und die wichtigsten Mineralstoffe. Die enthaltenen Bitterstoffe regen die Verdauung an und wirken beruhigend auf die Magenschleimhaut. Folsäure fördert zusammen mit Eisen und Vitamin B die Blutbildung. Purine sind am Zellaufbau beteiligt, nur sollten Menschen, die an Gicht oder Nierensteinen leiden, Rosenkohl eher zurückhaltend konsumieren. Ein Pluspunkt: Der Gehalt von 4,5 g Eiweiß und 4,5 g Ballaststoffen pro 100 g sorgt für lang anhaltende Sättigung und eine gute Verdauung.

BLATTSALATE

Das Prinzip „dunkelbunt" gilt für Blattsalate und Früchte ganz genauso: lieber zum dunkelgrünen Rucola oder roten beziehungsweise dunkelgrünen Mangold als zum hellgrünen Kopfsalat greifen.

RUCOLA ist reich an Eisen, Calcium, Kalium sowie den Vitaminen A und C. Für den leicht scharfen Geschmack verantwortlich sind Senföle (Glukosinolate), die zu den sekundären Pflanzenstoffen zählen. Allerdings speichert Rucola Nitrate aus dem Boden. Diese können im Körper in gesundheitsschädliche Nitrosamine umgewandelt werden. Beim Verzehr normaler Mengen Rucola ist die Belastung durch Nitrat gering, zumal das ebenfalls vorhandene Vitamin C die Umwandlung von Nitrat in Nitrosamine reduzieren kann.

MANGOLD gilt nach Studien als eines der gesündesten Gemüse überhaupt. Mangold hat einen hohen Gehalt an Vitamin C und Provitamin A, außerdem ist er reich an Calcium, Magnesium und Eisen. Allerdings kann er – ähnlich wie Spinat – viel Nitrat enthalten, weshalb geraten wird, Mangold nur während seiner Saison von Juni bis September zu genießen. Mangold ist als Salat und Gemüse vielseitig einsetzbar.

PETERSILIENWURZEL

Das heißt im Umkehrschluss aber keineswegs, dass helle Sorten nicht gesund sind. Auch sie verfügen über ein enormes Potenzial, beispielsweise Petersilienwurzeln und Pastinaken.

Auch wenn Zitrusfrüchte immer als ideale Vitamin-C-Lieferanten bezeichnet werden, so steckt in Gemüse manchmal oft mehr. Die Petersilienwurzel enthält pro 100 g 41 mg Vitamin C und deckt damit etwa 40 Prozent des Tagesbedarfs eines Erwachsenen. Dazu kommen die Vitamine der B-Gruppe, Vitamin E und Folsäure. 4,5 Prozent Ballaststoffe machen das würzige Gemüse besonders gesund.

FRÜCHTE

Auch bei den Früchten haben die dunkelroten, violetten und blauschwarzen Sorten, allen voran die Beerenfrüchte, die Nase vorn.

BLAUBEEREN oder Heidelbeeren enthalten viel Vitamin C, Kalium und Zink, Folsäure und Eisen sowie Gerb- und Pflanzenfarbstoffe (Tannine und Anthocyane), also sekundäre Pflanzenstoffe, die dabei helfen, Zellen zu erneuern, Entzündungen zu

bekämpfen und das Immunsystem zu stärken. Wild wachsende Heidelbeeren (Ende Juni bis September) enthalten besonders viele Anthocyane, was man daran sieht, dass sie komplett blau durchgefärbt sind, während die größeren Kulturheidelbeeren nur die blaue Schale haben, das Fruchtfleisch ist aber hellgrünlich oder gelblich.

HIMBEEREN enthalten viele Vitamine der B-Gruppe sowie Vitamin C, außerdem die Mineralstoffe Kalium, Calcium, Magnesium, Mangan und Eisen. Ihre Antioxidantien und Farbstoffe stärken das Immunsystem. Der enthaltene Pflanzenstoff Resveratrol kann die Symptome von Arthritis lindern. Trotz ihres süßen Geschmacks enthalten sie nur 4,5 g Zucker pro 100 g, dafür aber fast 5 g Ballaststoffe auf 100 g.

RETTICH

Doch es gibt noch weitere Kriterien, die bei der Auswahl von Obst und Gemüse helfen. So sind scharfe Sorten wie Rettich und Radieschen besonders wertvoll.

Die im Rettich enthaltenen Senföle sorgen für seinen scharfen und leicht herben Geschmack und wirken antibiotisch. Gleichzeitig regen sie die Produktion von Gallenflüssigkeit an, was die Leber bei der Fettverdauung unterstützt. In der Lunge sorgen sie für mehr Flüssigkeitsbildung der Schleimhäute, wodurch Erkältungsbeschwerden gemildert werden. Auch bei Harnwegsinfekten und zur Vorbeugung von Infekten hilft Rettich wie ein effektives natürliches Antibiotikum.

ZWIEBELGEWÄCHSE

Und ganz besonders ist die Gruppe der Zwiebelgewächse von unschätzbarem Wert für die Gesundheit.

ZWIEBELN sind berühmt für ihre antibakterielle Power. Sie enthalten mehr als 25 verschiedene Antioxidantien, die unter anderem den Cholesterinspiegel und die Blutfette senken. Besonders rote Zwiebeln enthalten viele Anthocyane, denen sie ihre Farbe verdanken. Anthocyane können vor Herzerkrankungen, Diabetes und einigen Krebsarten schützen. Der Inhaltsstoff Quercetin wirkt antibakteriell, dazu blutzuckerregulierend und damit antidiabetisch. Und schließlich wirkt sich der regelmäßige Verzehr günstig auf die Knochendichte aus.

LAUCH – oder Porree – enthält viele gesunde Inhaltsstoffe, die auch in Zwiebeln vorkommen. Er wirkt antibiotisch, immunstärkend und durch seine schleimlösende Wirkung hilfreich bei Erkältungen. Während viele Menschen Zwiebeln, zumal rohe Zwiebeln, nicht so gut vertragen, ist Lauch deutlich bekömmlicher. Er ist reich an Vitamin C und Betacarotin und mit fast 50 mg Vitamin K pro 100 g Lauch wird bereits die Hälfte des Tagesbedarfs gedeckt. Vitamin K hemmt den Knochenabbau und

fördert die Blutgerinnungsfaktoren. Außerdem ist Lauch reich an Eisen und Kalium. Die schwefelhaltigen ätherischen Öle des Gemüses fördern die Verdauung. In vielen Rezepten wird nur der weiße Teil des Lauchs verwendet – die meisten Inhaltsstoffe stecken aber in den dunkelgrünen.

KNOBLAUCH

Wegen seines intensiven Geruchs wird er von vielen Menschen gemieden, dabei ist Knoblauch gesund wie kaum ein anderes Gemüse. Das liegt hauptsächlich an seinem wichtigsten Inhaltsstoff, dem Allicin, das wiederum den Spiegel anderer Antioxidantien erhöht und somit gegen freie Radikale schützt, schadhafte Zellen repariert und den Alterungsprozess verlangsamt. Durch die vielen sekundären Pflanzenstoffe – Polyphenole und Sulfide – wirkt sich Knoblauch besonders auf die Blutfette gesund aus, wirkt blutdrucksenkend und kann so Herzerkrankungen vorbeugen. Knoblauch ist ein natürliches Antibiotikum, enthält viel Vitamin C und B_6, dazu Zink und Mangan, wodurch Knochen und Bindegewebe gestärkt werden. Und gegen die berüchtigte Knoblauchfahne hilft das Kauen von frischer Petersilie, Äpfeln oder einer Zitronenscheibe.

TOPINAMBUR

Außerdem sollte man auf die Sorten einen Blick werfen, die besonders viele Ballaststoffe und gleichzeitig wenige Kohlenhydrate enthalten. Neben den Pilzen, die wir in einem Exkurs ausführlicher beschreiben (siehe Seite 90), und den bereits genannten Kohlsorten sind das die herausragenden Ballaststofflieferanten: Schwarzwurzeln, Artischocken und ganz besonders die knollenförmigen Topinamburen.

Topinamburen (Oktober bis Mai) enthalten mit 12 g die meisten Ballaststoffe (Inulin), wodurch sie sehr gut sättigen und dennoch eher kalorienarm sind, weniger als die Hälfte von Kartoffeln, nämlich nur 31 kcal. Besonders geeignet sind sie für Diabetiker und Menschen, die abnehmen wollen. Topinamburen schmecken roh und gegart.

BITTERE SORTEN

Last, but not least spielen bittere Sorten eine wichtige Rolle. In einigen Kräutern und vielen Kohlsorten sind Bitterstoffe in unterschiedlicher Konzentration enthalten, besonders aber in Salaten wie Radicchio, Chicorée und Endivien.

RADICCHIO ist der bitterste unter den Blattsalaten, was ein guter Grund ist, ihn öfter zu genießen. Der enthaltene Bitterstoff Intybin macht den rot-weißen Salat so besonders und gesund. Der Bitterstoff ist vor allem in den Blattrippen gespeichert. Intybin wirkt verdauungsfördernd und appetitanregend. Der Speichelfluss und die Produktion von Gallenflüssigkeit und Magensaft werden verbessert, was die Fettverdauung erleichtert. Dazu liefert Radicchio Vitamine der B-Gruppe, Vitamin C und Vitamin A und unter anderem die Mineralstoffe Calcium und Kalium.

CHICORÉE wächst im Dunkeln als Sprosse aus der Zicchorienwurzel, einer der wichtigsten Inulin-Lieferanten (Exkurs siehe Seite 114). Auch in den Sprossen steckt Inulin, das besonders gut für das Mikrobiom ist. Dazu ist er reich an Kalium, Folsäure und Zink und liefert die Vitamine A, B und C. Chicorée ist aber vor allem für seinen gesunden Bitterstoff Intybin bekannt, der in stärkerem Maß im Radicchio enthalten ist und der für Verdauung und Stoffwechsel wichtig ist.

EXTRATIPP

Wer sich mit Bittersalaten nicht so richtig anfreunden kann, der kann zu Bittertropfen oder Bitterspray greifen. Das sind Mischungen aus verschiedenen Kräutern und Gewürzen, zum Beispiel Schafgarbenkraut, Tausendgüldenkraut, Anis und Brombeerblätter. Damit lässt sich der Mangel an Bitterstoffen in den heute meist mild gezüchteten Gemüsesorten ausgleichen. Außerdem sind sie bei Heißhunger auf Süßes hilfreich. Bei der Wahl von Bitterpräparaten empfehlen sich vor allem alkoholfreie Produkte.

WENIGER BEKANNTE ZUTATEN

Nicht alle Produkte hat der Supermarkt um die Ecke, weshalb man sie für ein Rezept rechtzeitig besorgen sollte.

Diese Produkte findet man eigentlich immer im Reformhaus, im Biomarkt oder online:

- Akazienfasern
- gemahlene Flohsamenschalen
- geschälte Hanfsamen
- Guarkernmehl
- Lupinenmehl
- Tahini
- Tempeh

In gut sortierten Supermärkten oder online:

- Arganöl
- Dulse-/Wakame-Algen oder Meeresspaghetti
- Kala Namak (indisches Schwarzsalz)

In Asiamärkten oder guten Supermärkten:

- Noriblätter
- Sambal Oelek
- Misopaste

In großer Auswahl sind online erhältlich:

- Algenöl
- Chlorella- und Spirulinapulver
- Reisproteinpulver
- resistentes Dextrin

Im Gewürzfachhandel oder online:

- Tonkabohne
- Lemon Myrtle

In guten Supermärkten, auf Wochenmärkten:

- frische Daikonkresse und einige Microgreens

Microgreens kann man ganz einfach selbst ziehen und jederzeit nur die benötigte Menge ernten. Das Saatgut muss in Bioqualität und keimfähig sein. Bezugsquellen sind:

- www.cellgarden.com
- www.microgreen-shop.com
- www.seedshop24.de

Diese Firmen liefern auch genaue Anleitungen, zum Teil auch Videos, Zubehör oder Bücher zum Thema „Microgreens und Sprossen".

Diese Zutaten werden in den Rezepten in der Zutatenliste genannt, in der Beschreibung der Zubereitung dürfen „ungesüßt" und „vegan" entfallen:

- ungesüßter Haferdrink
- ungesüßter Kokosdrink
- ungesüßter Mandeldrink
- Pflanzenmilch
- Sojaquark
- veganer Feta
- veganer Joghurt (Cashewjoghurt, Kokosjoghurt, Mandeljoghurt, Haferjoghurt)
- vegane Sahne (Hafer Cuisine, Reis Cuisine)
- veganer Frischkäse
- vegane Crème fraîche

Rezepte

Ofen-Süßkartoffel gefüllt mit Pulled Mushrooms in Kräutercreme

Zubereitungszeit 35 Minuten
Für 2 Portionen

1 Süßkartoffel (420–450 g, ca. 300 g Fruchtfleisch)
2 ½ EL natives Olivenöl extra (25 ml)
3 Schalotten (geschält 90 g)
200 g Kräuterseitlinge (geputzt 175 g)
½ Bund glatte Petersilie (10 g Blätter)
3–4 Zweige Thymian (1–2 g Blätter)
75 g veganer Frischkäse
Salz
schwarzer Pfeffer aus der Mühle
1 Prise Cayennepfeffer
1 TL Delikatesspaprika
1 TL Zitronensaft (5 ml)
1 TL abgeriebene Zitronenschale
10 g Rettichsprossen oder Zwiebelsprossen (siehe Seite 114; alternativ Daikonkresse)

Nährwerte pro Portion 373 kcal
F 22 g, KH 36 g, B 11 g, EW 9 g

Den Backofen auf 200 °C Umluft vorheizen. • **Süßkartoffel** waschen, ungeschält längs halbieren und die Schnittflächen mit ½ EL **Öl** einstreichen. Mit den Schnittflächen nach oben auf das mit Backpapier ausgelegte Ofengitter setzen und im vorgeheizten Ofen (Mitte) 30 Minuten backen. • Inzwischen **Schalotten** schälen, halbieren und längs in dünne Streifen schneiden. **Pilze** säubern, die Kappen abtrennen und in sehr schmale Streifen schneiden. Die Stiele längs halbieren und mit einer Gabel faserig zerzupfen. **Petersilie** und **Thymian** abbrausen, trocken tupfen und die Blätter hacken. • 1 EL **Öl** in einer Pfanne erhitzen, Schalotten darin unter Rühren glasig andünsten und herausnehmen. Restliches **Öl** erhitzen und die Pilze darin 5 Minuten unter häufigem Rühren braten. Thymian hinzufügen, Schalotten zurück in die Pfanne geben und 2 Minuten rührbraten. Die Hitze reduzieren, **Frischkäse** einrühren, mit **Salz, Pfeffer, Cayennepfeffer** und **Paprikapulver** würzen, mit **Zitronensaft** und **Zitronenschale** abschmecken. Die Hälfte der Petersilie untermischen. • Süßkartoffeln aus dem Ofen nehmen, auf zwei Teller geben und etwas auseinanderdrücken. Die Pilzmischung hineinlöffeln, mit restlicher Petersilie bestreuen und mit **Sprossen** garnieren.

DOC FLECKS GESUNDHEITSTIPP

Der Name **Cayennepfeffer** ist eigentlich irreführend: Cayenne ist kein Pfeffer, sondern eine bestimmte Chilisorte, aber der Name hat sich umgangssprachlich durchgesetzt und wird in nahezu allen Kochbüchern verwendet. Cayennepfeffer ist ein hellorangefarbenes, fein gemahlenes Pulver. Die Farbe ist ein Hinweis, dass die scharfen weißen Kerne und Innenwände nach dem Trocknen mit vermahlen werden. Cayennepfeffer stammt aus Lateinamerika, der Geschmack ist leicht herb und dezent rauchig. Die Schärfe ist beträchtlich: Auf einer Skala von 0 bis 10 liegt Cayennepfeffer zwischen 7 und 8, weshalb er nur in kleinen Messerspitzenmengen zum Abrunden eines Gerichts zugegeben wird.

Zucchinispiralen mit gebratenen Kirschtomaten und Feta

Zubereitungszeit 20 Minuten
Für 2 Portionen

150 g Kirschtomaten
1 Knoblauchzehe (geschält 5 g)
2 Zweige Thymian (1 g Blätter)
200 g veganer Feta
400 g feste Zucchini (ca. 350 g Spiralen)
3–4 Stängel Basilikum (3 g Blätter)
2 ½ EL natives Olivenöl extra (25 ml)
Salz
schwarzer Pfeffer aus der Mühle
20 g Leinsamen, frisch gemahlen
1 Prise Chiliflocken

Außerdem
Spiralschneider

Nährwerte pro Portion
Veganes Basisrezept: 470 kcal
F 38 g, KH 21 g, B 6 g, EW 9 g
Flexitarisches Extra: 221 kcal
F 9 g, KH 0 g, B 0 g, EW 36 g

Veganes Basisrezept

Tomaten waschen, halbieren und Stielansätze wegschneiden. **Knoblauchzehe** schälen und hacken. **Thymian** abbrausen, trocken tupfen und Blätter hacken. **Feta** in 1–1,5 cm große Würfel schneiden. **Zucchini** waschen, mit dem Spiralschneider zu möglichst dünnen Spiralen verarbeiten und in 8–10 cm lange Stücke schneiden. **Basilikumblätter** abzupfen, abbrausen und trocken tupfen. • 1 EL **Öl** in einer Pfanne erhitzen und die Tomaten darin 2 Minuten unter Rühren braten. **Salzen** und **pfeffern**, Knoblauch und Thymian hinzugeben und 1 Minute weiterbraten. Feta untermischen, vom Herd nehmen und abgedeckt warm halten. • Restliches **Öl** in einer anderen Pfanne erhitzen und die Zucchinispiralen darin 2 Minuten unter Rühren braten. **Salzen** und **pfeffern**, die **Leinsamen** untermischen und mit **Chiliflocken** bestreuen. Mit den Feta-Tomaten auf zwei Tellern anrichten und mit Basilikum garnieren.

Flexitarisches Extra: Hähnchen-Nuggets

Zubereitungszeit ca. 15 Minuten plus 12–15 Minuten Backen

Den Backofen auf 180 °C Ober-/Unterhitze vorheizen. **250 g Hähnchenbrustfilet** (ohne Haut, Fett und Sehnen entfernt) trocken tupfen, in 3–4 cm große Stücke schneiden und in eine Schüssel geben. Mit **1 TL Öl** beträufeln, **salzen, pfeffern**, mit **½ TL Delikatesspaprika** und etwas **Cayennepfeffer** bestäuben und die Gewürze einmassieren. **40 g Parmesan** frisch reiben. Die Fleischstücke einzeln darin wälzen und den Käse leicht andrücken. Backpapier auf das Ofengitter legen, darauf die Nuggets verteilen und im vorgeheizten Ofen (Mitte) je nach Dicke 12–15 Minuten backen – sie sollen dabei kaum bräunen und saftig bleiben. Die Nuggets auf dem Gemüse verteilen. Fleischsaft, der sich auf dem Backpapier gebildet hat, und Reste vom Parmesan über das Gemüse geben.

Tofu-Omelett mit Pilzen und Kürbiskern-Gremolata

Zubereitungszeit 45 Minuten
Für 2 Portionen

Für die Pilze
300 g braune Champignons (geputzt 230 g)
250 g Austernpilze (geputzt 200 g)
1 dünne Lauchstange (geputzt 150 g)
1 ½ EL natives Olivenöl extra (15 ml)
Salz
schwarzer Pfeffer aus der Mühle
1–2 Spritzer Zitronensaft

Für die Gremolata
1 Bund glatte Petersilie (20 g Blätter)
30 g Kürbiskerne
Flockensalz
1 Prise Chiliflocken
1 TL abgeriebene Zitronenschale

Für das Omelett
200 g Seidentofu
100 ml ungesüßter Haferdrink
40 g Kichererbsenmehl (Gesundheitstipp siehe Seite 169)
½ TL Backpulver
1–2 Prisen Kala Namak (Gesundheitstipp siehe Seite 41)
schwarzer Pfeffer aus der Mühle
¼ TL gemahlene Kurkuma
½ TL Delikatesspaprika
1–2 Msp. Cayennepfeffer
1 ½ EL natives Olivenöl extra (15 ml)

Nährwerte pro Portion 431 kcal
F 29 g, KH 18 g, B 15 g, EW 23 g

Für die Pilze die **Champignons** säubern, die Stiele entfernen und die Kappen in 5 mm dicke Scheiben schneiden. **Austernpilze** ebenfalls säubern, die zähen Stiele wegschneiden und die Kappen in Streifen reißen. Den **Lauch** waschen, trocken tupfen und in knapp 5 mm dicke Scheiben schneiden. • Für die Gremolata die **Petersilie** abbrausen, trocken tupfen und die Blätter zusammen mit den **Kürbiskernen** im Blitzhacker mittelgrob hacken. Mit etwas **Flockensalz, Chiliflocken** und **Zitronenschale** mischen und beiseitestellen. • Für das Omelett **Seidentofu** und **Haferdrink** mit dem Stabmixer pürieren. **Kichererbsenmehl** und **Backpulver** dazugeben und noch mal durchmixen. Mit **Kala Namak,** etwas **Pfeffer, Kurkuma, Paprikapulver** und **Cayennepfeffer** kräftig würzen. • Eine große Pfanne erhitzen und die Champignons darin bei starker Hitze ohne Fett etwa 3 Minuten rührbraten, bis sie leicht gebräunt sind. Herausnehmen. **Öl** in die Pfanne geben, die Austernpilze darin erst bei starker, dann bei mittlerer Hitze 5 Minuten braten, dabei öfter umrühren. Lauch hinzugeben, weitere 2–3 Minuten braten, dann die Champignons zurück in die Pfanne geben und vermischen. **Salzen, pfeffern** und mit **Zitronensaft** abschmecken. In einer Schüssel abgedeckt warm halten. • **Öl** für das Omelett in der gleichen Pfanne erhitzen, die Tofumasse hineingeben und abgedeckt bei knapp mittlerer Hitze 5–6 Minuten stocken lassen. • Das Omelett halbieren, auf zwei Teller setzen, die Pilze darauf anrichten und mit der Gremolata bestreuen.

Schwarze-Bohnen-Spaghetti mit Karottenspiralen und Harissa-Mandel-Sauce

Zubereitungszeit 35 Minuten
Für 2 Portionen

100 g Schwarze-Bohnen-Spaghetti (siehe Seite 36)
Salz
10 g ungeschälte oder schwarze Sesamsaat
1 Noriblatt (2,5 g)
50 g weißes Mandelmus
20 g weiße Misopaste
2 TL Harissa-Paste (10 g; nach Geschmack mehr)
250 ml Gemüsebrühe
1–2 große Karotten (ca. 300 g; ergibt ca. 220 g Karottenspiralen)
2 EL Erdnussöl (20 ml)
1 Bund Koriandergrün (20 g Blätter und zarte Stiele)
schwarzer Pfeffer aus der Mühle

Außerdem
Spiralschneider

Nährwerte pro Portion
Veganes Basisrezept: 513 kcal
F 32 g, KH 18 g, B 19 g, EW 34 g
Flexitarisches Extra: 97 kcal
F 6 g, KH 0 g, B 0 g, EW 11 g

Veganes Basisrezept

Die **Schwarze-Bohnen-Spaghetti** in **Salzwasser** etwa 6 Minuten oder nach Packungsangaben garen, dann abgießen. • Inzwischen **Sesam** in einer Pfanne ohne Fettzugabe rösten, bis er duftet. Abkühlen lassen. • Das **Noriblatt** erst in dünne Streifen und dann quer in kleine Stücke schneiden. • **Mandelmus, Miso** und 1 TL **Harissa-Paste** mit der **Brühe** verrühren, nach Geschmack restliche **Harissa-Paste** dazugeben. • **Karotten** schälen, mit dem Spiralschneider zu möglichst dünnen Spiralen verarbeiten und in etwa 10 cm lange Stücke schneiden. **Öl** in einer Pfanne erhitzen und die Karottenspiralen darin 3 Minuten unter Rühren anbraten. Spaghetti hineingeben, 1 Minute rührbraten, dann die Mandelsauce angießen und noch 3–4 Minuten köcheln lassen, bis die Karotten bissfest gar sind. • Inzwischen das **Koriandergrün** abbrausen, trocken tupfen und hacken. • Die Spaghettimischung mit **Salz, Pfeffer** und eventuell mehr **Harissa-Paste** abschmecken und mit Koriander bestreuen. Sesam und Nori mischen und darüberstreuen.

Flexitarisches Extra: Jakobsmuscheln

Zubereitungszeit 10 Minuten

125 g ausgelöste Jakobsmuscheln (ohne Rogen) trocken tupfen, **salzen, pfeffern** und in **2 TL Reismehl** wälzen. Überschüssiges Mehl abstreifen. **1 EL Erdnussöl** in einer Pfanne erhitzen und die Jakobsmuscheln darin bei gut mittlerer bis starker Hitze 3 Minuten rundum goldbraun braten, wobei sie außen gut versiegelt, innen aber noch glasig sein sollen.

TIPP Gleich mehrere Noriblätter grob zerteilen und im Blitzhacker zu feinen Flocken zerkleinern. Dann in einem Schraubglas aufbewahren.

Tomaten-Süßkartoffel-Curry mit gekeimten Linsen

Zubereitungszeit 25 Minuten
plus 20 Minuten Garen
Für 2 Portionen

3–4 Frühlingszwiebeln (geputzt 60 g)
1 Stück Ingwer (geschält 15 g)
2 Knoblauchzehen (geschält 10 g)
1 Süßkartoffel (250–300 g; geschält 200 g)
2 EL natives Olivenöl extra (20 ml)
½–1 TL gemahlene Kurkuma
½–1 TL gemahlener Kreuzkümmel (Cumin)
15 g Tomatenmark
100 ml Gemüsebrühe plus evtl. etwas mehr
1 Dose stückige Tomaten (400 g)
100 g gekeimte grüne Puy-Linsen (siehe Seite 59; aus 35 g Linsen; alternativ Linsen aus der Dose)
Salz
schwarzer Pfeffer aus der Mühle
1 Prise Cayennepfeffer
150 ml Kokosmilch (70–90 %)
10–12 Stängel Koriandergrün (10 g Blätter und zarte Stiele)
1 Prise Chiliflocken

Nährwerte pro Portion
Veganes Basisrezept: 448 kcal
F 28 g, KH 39 g, B 9 g, EW 10 g
Flexitarisches Extra: 168 kcal
F 6 g, KH 0 g, B 0 g, EW 29 g

Veganes Basisrezept

Die **Frühlingszwiebeln** putzen, weiße und grüne Teile separat in Ringe schneiden. **Ingwer** und **Knoblauchzehen** schälen und fein hacken. **Süßkartoffel** schälen und etwa 1,5 cm groß würfeln. • **Öl** in einem Topf erhitzen, weiße Frühlingszwiebelringe, Ingwer und Knoblauch darin andünsten. Süßkartoffeln hinzufügen und unter Rühren 3 Minuten dünsten. Mit **Kurkuma** und **Kreuzkümmel** bestreuen, **Tomatenmark** dazugeben und unter Rühren anrösten, dann mit **Brühe** ablöschen. **Tomaten** zufügen, aufkochen und abgedeckt 15 Minuten köcheln lassen. • **Linsen** einrühren und noch 5 Minuten köcheln lassen. Mit **Salz, Pfeffer** und **Cayennepfeffer** pikant abschmecken. Dann 100 ml **Kokosmilch** einrühren. • Inzwischen **Koriander** abbrausen, trocken tupfen und hacken. Das Curry auf zwei Schalen verteilen, das Frühlingszwiebelgrün darüberstreuen. Zum Schluss mit restlicher **Kokosmilch** beträufeln, mit **Chiliflocken** und Koriander bestreuen.

Flexitarisches Extra: Curry-Hähnchenbrust

Zubereitungszeit 10 Minuten plus 20 Minuten Backen

Den Backofen auf 120 °C Ober-/Unterhitze vorheizen. Eine Auflaufform hineinstellen. **1 Hähnchenbrustfilet** (250 g; ohne Haut, Fett und Sehnen entfernt) trocken tupfen, **salzen,** in einer Pfanne in **1 EL nativem Olivenöl extra** 3 Minuten von beiden Seiten goldbraun anbraten und herausnehmen. **Pfeffern**, **1 TL Currypulver** darüberstreuen und rundum in das Fleisch einreiben. Das Filet in die Form im vorgeheizten Ofen geben, das Öl aus der Pfanne darüberträufeln und 20 Minuten fertig garen. Herausnehmen, aufschneiden und auf den Curry-Portionen anrichten.

Gemüsecurry mit Kokosmilch

Zubereitungszeit 45 Minuten
Für 2 Portionen

200 g überwiegend festkochende Kartoffeln (geschält 170 g)
30 g Kokosöl
Salz
5–6 dünne Frühlingszwiebeln (geputzt 80 g)
2 Knoblauchzehen (geschält 10 g)
1 Stück Ingwer (geschält 15 g)
1 kleines Bund Koriandergrün (15 g Blätter und zarte Stiele)
1 kleiner Brokkoli (200 g Röschen)
400 g grüner Spargel (geschält 300 g)
1 rote Chilischote (geputzt 15 g)
400 ml Gemüsebrühe
100 ml Kokosmilch (70–90 %)
100 ml Reis Cuisine
schwarzer Pfeffer aus der Mühle
1–2 TL Limettensaft (5–10 ml)
1 TL Delikatesspaprika
1–1 ½ TL gemahlene Kurkuma
1–2 Prisen Cayennepfeffer

Außerdem
Wok

Nährwerte pro Portion
Veganes Basisrezept: 431 kcal
F 30 g, KH 29 g, B 8 g, EW 11 g
Flexitarisches Extra: 224 kcal
F 16 g, KH 0 g, B 0 g, EW 20 g

Veganes Basisrezept

Kartoffeln schälen, in 1 cm große Würfel schneiden und trocken tupfen. 15 g **Kokosöl** in einer Pfanne erhitzen und die Kartoffeln darin 3 Minuten unter Rühren anbraten. Dann **salzen** und abgedeckt 15 Minuten sanft weiterbraten. Sie sollen gar, aber nicht knusprig sein. • Inzwischen **Frühlingszwiebeln** putzen, weiße und grüne Teile separat in Ringe schneiden. **Knoblauchzehen** und **Ingwer** schälen und hacken. Das **Koriandergrün** abbrausen, trocken tupfen, Stiele fein hacken, die Blätter ganz lassen. **Brokkoli** in mundgerechte Röschen teilen, abbrausen und abtropfen lassen. **Spargel** im unteren Drittel schälen, holzige Teile entfernen, waschen und schräg in 2 cm große Stücke schneiden. **Chilischote** entkernen, waschen und hacken oder in Ringe schneiden. • Restliches **Kokosöl** im Wok erhitzen, weiße Frühlingszwiebelringe, Knoblauch, Ingwer und Korianderstiele darin unter Rühren 1 Minute andünsten. Brokkoli und Spargel hinzufügen und 1 Minute weiter rührbraten. Zunächst 300 ml **Brühe** angießen, aufkochen und abgedeckt bei knapp mittlerer Hitze 4 Minuten köcheln lassen. Die garen Kartoffeln dazugeben. • **Kokosmilch** und **Reis Cuisine** in das Gemüse rühren und erhitzen, dabei nach Bedarf etwas mehr **Brühe** hinzugeben. Mit **Salz, Pfeffer, Limettensaft, Paprikapulver, Kurkuma** und **Cayennepfeffer** pikant würzen. Mit Chili, Korianderblättern und Frühlingszwiebelgrün bestreuen und sofort servieren.

Flexitarisches Extra: sanft gegartes Lachsfilet

Zubereitungszeit 8 Minuten plus 20–22 Minuten Backen

Den Backofen auf 90 °C Umluft vorheizen. **200 g Lachsfilet** (ohne Haut, Gräten und graues Fett) kalt abbrausen, trocken tupfen und in zwei Stücke schneiden. **1 EL natives Olivenöl extra** auf einen Teller geben, die Lachsstücke darin wenden. Mit **schwarzem Pfeffer aus der Mühle** würzen, mit **1 TL abgeriebener Zitronenschale** bestreuen. Zwei Lagen Frischhaltefolie über den Lachs legen, fest um den Teller spannen, auf den Rost des Ofens (Mitte) stellen und 20–22 Minuten garen. Der Lachs sollte dann lauwarm, innen glasig und sehr zart sein. Halbieren und auf die Gemüsecurry-Portionen setzen.

Wraps aus Kichererbsenmehl gefüllt mit Blattspinat, Frischkäse und Mungobohnensprossen

Zubereitungszeit 30 Minuten
Für 2 Portionen

Für die Pfannkuchen
75 g Kichererbsenmehl (Gesundheitstipp siehe Seite 169)
1 TL Currypulver (Gesundheitstipp siehe unten)
Salz
1 EL natives Olivenöl extra (10 ml)

Für die Füllung
250 g TK-Blattspinat (portionierbar)
2 Schalotten (geschält 60 g)
2 Knoblauchzehen (geschält 10 g)
1 EL natives Olivenöl extra (10 ml)
100 ml Gemüsebrühe
100 g veganer Frischkäse
Salz
grüner Pfeffer aus der Mühle
1 Prise Chiliflocken
ca. 60 g Mungobohnensprossen (aus 20 g getrockneten Mungobohnen; siehe Seite 59)

Nährwerte pro Portion 475 kcal
F 33 g, KH 25 g, B 12 g, EW 15 g

Für die Pfannkuchen **Kichererbsenmehl** mit **Currypulver** und etwas **Salz** vermischen, 150 ml handwarmes Wasser unter Rühren glatt einarbeiten und den Teig 10 Minuten ruhen lassen. • Inzwischen für die Füllung den **Spinat** leicht antauen lassen. **Schalotten** und **Knoblauchzehen** schälen und fein würfeln. **Öl** in einem Topf erhitzen und die Schalotten darin glasig andünsten. Knoblauch kurz mitdünsten. Spinat und **Brühe** hinzugeben, aufkochen und abgedeckt 6 Minuten köcheln lassen, dabei öfter umrühren. • Währenddessen eine große Pfanne erhitzen, mit ½ EL **Öl** ausstreichen, die Hälfte des Teigs hineingeben, rasch zu einem dünnen Fladen verteilen und 1 Minute backen. Dann wenden und 1 weitere Minute backen. Auf einem Teller abkühlen lassen. Mit restlichem **Öl** und restlichem Teig auf die gleiche Weise einen zweiten Pfannkuchen backen. • Spinat in ein Sieb geben, überschüssige Flüssigkeit herausdrücken, auffangen, zurück in den Topf geben und nahezu einkochen lassen. Spinat mit eingekochter Flüssigkeit und **Frischkäse** mischen, **salzen, pfeffern** und mit **Chiliflocken** bestreuen. • Die Spinatmischung auf beiden Pfannkuchen verteilen. Die Hälfte der **Mungobohnensprossen** darüberstreuen und zu Wraps aufrollen. Quer halbieren, auf zwei Teller setzen und zum Schluss mit den restlichen **Sprossen** garnieren.

DOC FLECKS GESUNDHEITSTIPP

Currypulver ist kein eigenes Gewürz, sondern eine Gewürzmischung, die aus nur fünf oder sechs, aber auch aus über 20 Zutaten bestehen kann. Die fast immer enthaltenen Basisgewürze sind Kreuzkümmel (Cumin), Koriander und Kurkuma, die den meisten Currys die typisch gelbe Farbe verleiht. Je intensiver gelb das Currypulver, desto höher sein Kurkuma-Anteil (siehe Seite 105). Dazu kommen aromagebende Gewürze wie Kardamom und Zimt und scharfe Gewürze wie Pfeffer, Ingwer, Senfsaat und Chili. Curry ist auch der Name des fertig gekochten Gerichts. Neben den pulverförmigen Gewürzmischungen gibt es auch Currypasten, hauptsächlich aus Thailand.

EXKURS Eiweiß aus Hülsenfrüchten

Eiweiß ist lebensnotwendig. Ohne die Zufuhr von Eiweiß aus der Nahrung können wir nicht überleben. Allgemein wird eine Zufuhr von 0,8 bis 1,2 g Eiweiß pro Kilogramm Körpergewicht (Normalgewicht) empfohlen, für ältere Personen, schwerkranke Menschen und Sportler sogar 1,5 bis 2 g.

Für Menschen, die sich vornehmlich pflanzenbetont ernähren, zum Beispiel beim Veganismus, ist es aus der Erfahrung der ärztlichen Praxis teilweise enorm schwierig, den täglichen individuellen Eiweißbedarf zu decken, da unter anderem die Alternativen zu Milchprodukten deutlich weniger Eiweiß enthalten als Joghurt, Quark, Milch und Käse aus tierischer Milch (Kuh-, Schaf- und Ziegenmilch).

Aber es gibt viele pflanzliche Eiweißquellen, allen voran Hülsenfrüchte. In den Listen für pflanzliche Eiweißlieferanten werden Hülsenfrüchte pro 100 g meist im Rohzustand aufgeführt, was etwa 200 bis 250 g gekochten Hülsenfrüchten entspricht, was wiederum der Inhalt einer 400-g-Dose mit 200 bis 250 g Abtropfgewicht ist. Meistens werden solche Mengen jedoch nicht von einer Person in einer Mahlzeit gegessen.

Wenn für zwei Personen eine Dose Linsen oder Kichererbsen verwendet wird, zum Beispiel für Hummus, kommt man pro Person auf rund 10 g Eiweiß. Werden pro Person 50 g getrocknete Hülsenfrüchte genommen, erhält man ähnliche Werte, nämlich 9 bis 12 g.

PASTA UND REIS AUS HÜLSENFRÜCHTEN

Mittlerweile gibt es viele Formen von Nudeln und Reis aus den Mehlen von Hülsenfrüchten im Supermarkt. Es lohnt sich, falls noch nicht geschehen, diese Varianten auszuprobieren. Besonders eiweiß- und ballaststoffreich ist Pasta aus schwarzen Bohnen: Sie liefert stattliche 43 g Eiweiß und 28 g Ballaststoffe pro 100 g. Pasta aus Linsen, Erbsen oder Kichererbsen hat im Vergleich dazu mehr Kohlenhydrate, ist aber dennoch weitaus gesünder als klassische Pasta. Noch dazu sind alle diese Produkte glutenfrei. Sie sind deshalb eine Alternative für Menschen, die mit dem Gluten, dem Klebereiweiß von Getreidesorten wie Weizen, Dinkel, Gerste und Roggen, ein Problem haben.

LUPINEN

Das Eiweiß von Lupinen ist besonders reich an Aminosäuren sowie an Vitamin E, Calcium, Kalium, Magnesium und Eisen. Lupinen sind ein guter Ersatz für Menschen, die kein Soja vertragen.

Für Veganer geradezu ideale Nährwerte haben Lupinenflocken: 41 g Eiweiß und 42 g Ballaststoffe pro 100 g. Mit ihnen kann man Müslis, Bowls oder Eintopfgerichte anreichern.

Lupinenschrot ist ein idealer Ersatz für Bulgur oder Couscous aus Weizen und wird ähnlich zubereitet, wobei das fertige Gericht etwas bissfester ist. Lupinenkerne gibt es in Salzlake eingelegt, entweder zum Knabbern oder zum Zubereiten von Hummus.

Wilde Lupinen enthalten giftige Alkaloide. Vom Verzehr wird deshalb dringend abgeraten. Die als Lebensmittel zugelassenen Produkte stammen von der Süßlupine, die ohne diese Stoffe gezüchtet wurde. Allerdings enthält sie wie viele andere Pflanzen Lektine, Stoffe, die die Pflanzen gegen Fressfeinde ausbilden. Durch Einweichen und Kochen werden diese aber unschädlich gemacht.

Lupinen haben etwas allergisches Potenzial: Menschen mit einer Erdnussallergie sollten sie meiden, da sie auch auf Lupinen allergisch sein könnten. Achten Sie also bei diesen Produkten besonders auf die Verträglichkeit.

WICHTIG ZU WISSEN

Alle genannten Nährwerte unterliegen je nach Herstellerangaben oder anderen Quellen wie Nährwerttabellen teilweise deutlichen Schwankungen. Zur besseren Übersichtlichkeit sind die Werte zudem auf- oder abgerundet.

Alle Lebensmittel auf Basis von Hülsenfrüchten in der folgenden Übersicht liefern wertvolles Pflanzeneiweiß und reichlich Ballaststoffe.

Lupinen, getrocknet und als Blüte

BESONDERS GESUND

Einige Produkte sind ausgesprochen günstig mit höheren Eiweiß- und Ballaststoffgehalten bei gleichzeitig geringeren Mengen an Kohlenhydraten. Diese Produkte sind in der Liste farbig hervorgehoben.

Name	KCAL	F	KH	B	EW
Belugalinsen, getrocknet	321	1,5	51,0	17,0	23,5
Grüne Puy-Linsen, getrocknet	275	1,5	41,0	17,0	24,0
Rote Linsen, getrocknet	316	1,5	50,0	17,0	25,5
Kichererbsen, getrocknet	305	6,0	44,0	12,0	19,0
Weiße Bohnen, getrocknet	263	2,0	40,0	23,0	21,5
Schwarze Bohnen, getrocknet	264	1,5	45,0	26,0	14,5
Lupinen, getrocknet	356	9,0	13,0	**27,0**	**43,0**
Schwarze Bohnen, aus Dose/Glas	116	1,5	14,5	6,5	7,5
Braune Linsen, aus Dose/Glas	91	0,5	13,0	4,0	7,0
Weiße Bohnen, aus Dose/Glas	90	0,7	11,0	6,5	6,5
Kichererbsen, aus Dose/Glas	120	2,0	15,0	5,0	6,5
Lupinenkerne, aus Dose/Glas	142	4,0	10,0	9,0	16,0
Kichererbsenmehl	344	6,0	44,0	16,0	19,0
Lupinenmehl	358	12,0	9,0	**27,0**	**40,0**
Lupinenflocken	320	10,0	10,0	**42,0**	**41,0**
Pasta aus schwarzen Bohnen	303	4,0	11,0	**28,0**	**43,0**
Pasta aus grünen Erbsen	334	2,0	55,0	7,5	20,0
Pasta aus Edamame	298	4,0	14,0	**28,0**	**39,0**
Pasta aus roten Linsen	337	1,5	50,0	11,0	26,0
Pasta aus Kichererbsen	364	6,0	51,0	8,5	22,0
Reis aus grünem Erbsenmehl	344	2,0	57,0	6,5	21,0
Reis aus Kichererbsenmehl	358	5,0	55,0	10,0	18,0
Reis aus rotem Linsenmehl	348	2,0	57,0	5,0	23,0
Lupinenschrot	355	9,0	13,0	**27,0**	**43,0**

Rote-Bete-Spaghetti und Schwarze-Bohnen-Spaghetti mit Blattspinat und Feta

Zubereitungszeit ca. 30 Minuten
Für 2 Portionen

15 g Pinienkerne
70 g frischer Babyspinat (geputzt 50 g)
220–250 g Rote Bete
(ca. 150 g Spaghetti)
100 g Schwarze-Bohnen-Spaghetti
(siehe Seite 36)
Salz
2 EL natives Olivenöl extra (20 ml)
schwarzer Pfeffer aus der Mühle
1 ½ EL Balsamico-Essig (15 ml)
100 g veganer Feta
1 Prise Chiliflocken

Außerdem
Spiralschneider

Nährwerte pro Portion
Veganes Basisrezept: 484 kcal
F 28 g, KH 27 g, B 13 g, EW 26 g
Flexitarisches Extra: 150 kcal
F 10 g, KH 0 g, B 0 g, EW 14 g

Veganes Basisrezept

Pinienkerne in einer Pfanne ohne Fettzugabe goldgelb rösten und beiseitestellen. • **Spinat** waschen, die Stiele abknipsen und trocken schleudern. **Rote Beten** schälen, mit dem Spiralschneider zu möglichst dünnen Spaghetti verarbeiten und in etwa 10 cm lange Stücke schneiden. • **Schwarze-Bohnen-Spaghetti** in **Salzwasser** 5 Minuten kochen, abgießen und ausdampfen lassen. • Parallel dazu die Rote-Bete-Spaghetti in einem anderen Topf in **Salzwasser** je nach Dicke 4–7 Minuten bissfest garen, abgießen und ausdampfen lassen. • **Öl** in einer Pfanne erhitzen, die Rote-Bete-Spaghetti darin schwenken, dann die Schwarze-Bohnen-Spaghetti dazugeben, behutsam mischen und erhitzen. **Salzen, pfeffern** und mit **Essig** würzen. Spinat hinzufügen und abgedeckt 1 Minute zusammenfallen lassen. • **Feta** zerkrümeln, unterheben und noch 1 Minute abgedeckt erwärmen. Mit Pinienkernen und **Chiliflocken** bestreuen.

Flexitarisches Extra: Parmesan-Flakes

Zubereitungszeit 5 Minuten

80 g Parmesan etwa 2 mm dick hobeln und über die Spaghetti streuen.

Shakshuka mit Linsen, Tomaten und Cashew-Eiern

Zubereitungszeit 20 Minuten
plus 8–10 Minuten Garen
Für 2 Portionen

2 Schalotten (geschält 60 g)
2 Knoblauchzehen (geschält 10 g)
4–5 Zweige Thymian (2 g Blätter)
1 ½ EL natives Olivenöl extra (15 ml)
20 g Tomatenmark
1 TL gemahlener Kreuzkümmel (Cumin)
50 ml Gemüsebrühe
1 Dose stückige Tomaten (400 g)
1 Dose Linsen (240 g Abtropfgewicht)
Salz
schwarzer Pfeffer aus der Mühle
1 TL Delikatesspaprika
1 Prise Cayennepfeffer
70 g Cashewmus
1–2 Prisen Kala Namak (siehe unten)
¼–½ TL gemahlene Kurkuma
½ Bund glatte Petersilie (10 g Blätter)

Nährwerte pro Portion 495 kcal
F 26 g, 41 KH g, B 9 g, EW 22 g

Schalotten und **Knoblauchzehen** schälen und hacken. Den **Thymian** abbrausen, trocken tupfen und die Blätter hacken. • **Öl** in einer Pfanne erhitzen und die Schalotten darin glasig andünsten. Knoblauch kurz mitdünsten. **Tomatenmark** und **Kreuzkümmel** hinzufügen, unter Rühren anrösten, bis es duftet, und mit **Brühe** ablöschen. **Tomaten** und Thymian dazugeben und aufkochen. **Linsen** in ein Sieb geben, kalt abbrausen, abtropfen lassen und ebenfalls hinzugeben. Gut mischen und etwa 5 Minuten köcheln lassen, bis die Tomaten dicklich eingekocht sind. Mit **Salz, Pfeffer, Paprikapulver** und **Cayennepfeffer** pikant abschmecken. • Inzwischen **Cashewmus** mit 1–2 EL warmem Wasser zu einer dicklichen Creme verrühren, dann mit **Kala Namak** und **Kurkuma** würzen. Mit einem Löffel vier Mulden in die Shakshuka drücken, jeweils ein Viertel der Cashewmasse hineingeben und abgedeckt bei niedriger Hitze 8–10 Minuten stocken lassen, bis die Konsistenz von wachsweichen Eiern erreicht ist. • **Petersilie** abbrausen, trocken tupfen, hacken und darüberstreuen.

DOC FLECKS GESUNDHEITSTIPP

Das indische beziehungsweise pakistanische Schwarzsalz **Kala Namak** riecht deutlich nach Schwefel und erinnert damit an hart gekochte Eier. Diese Eigenschaft macht es für Veganer bei der Zubereitung von „Rührei" und „Omelett" aus Tofu, Seidentofu oder Kichererbsenmehl, denen es den typischen Ei-Geschmack verleiht, unentbehrlich. Eigentlich ist es nicht schwarz, sondern tiefdunkelviolett, manchmal rötlich. Und fein gemahlen erscheint es eher pink. Es entsteht, wenn Steinsalz mit Gewürzen, den Samen der Harad-Pflanze und Holzkohle verkocht wird. Der Gehalt an Schwefelwasserstoff ist dabei so gering, dass er dem Organismus nicht schadet. Nicht zu verwechseln mit dem schwarzen Hawaii-Salz, bei dem lediglich Flockensalz mit Holzkohle schwarz gefärbt wird.

Sellerie-Topinambur-Püree mit Lauchgemüse

Zubereitungszeit 35 Minuten
Für 2 Portionen

Für das Püree
½ Knollensellerie (geschält 250 g)
300 g Topinamburen (geschält 200 g)
2 EL natives Olivenöl extra (20 ml)
200 ml Gemüsebrühe
Salz
grüner Pfeffer aus der Mühle
1 Prise Cayennepfeffer

Für das Lauchgemüse
1–2 Lauchstangen, davon nur weiße und hellgrüne Teile (350 g)
1 Schalotte (geschält 30 g)
2 EL natives Olivenöl extra (20 ml)
100 ml Gemüsebrühe
125 g veganer Frischkäse
5 g Hefeflocken
Salz
grüner Pfeffer aus der Mühle
1 Prise Cayennepfeffer
1 Handvoll Sprossen (10 g; z. B. Grünkohlsprossen, siehe Seite 114)

Nährwerte pro Portion
Veganes Basisrezept: 440 kcal
F 32 g, KH 20 g, B 24 g, EW 18 g
Flexitarisches Extra: 121 kcal
F 7 g, KH 2 g, B 1 g, EW 14 g

Veganes Basisrezept

Für das Püree **Sellerie** und **Topinamburen** schälen und in 2 cm große Würfel schneiden. **Öl** in einer großen Pfanne erhitzen und das Gemüse darin 2 Minuten unter Rühren farblos andünsten. **Brühe** angießen, aufkochen und abgedeckt bei niedriger Hitze 20 Minuten weich garen. Dann offen köcheln lassen, bis die Flüssigkeit vollständig verkocht ist. • Inzwischen für das Lauchgemüse den **Lauch** putzen, längs halbieren, sehr gut waschen und quer in 1 cm breite Streifen schneiden. **Schalotte** schälen, fein würfeln und in einem Topf in **Öl** glasig andünsten. Lauchstreifen dazugeben und unter Rühren 2 Minuten andünsten. • **Brühe** angießen, aufkochen und abgedeckt etwa 5 Minuten köcheln lassen. Dann ohne Deckel weitere 3 Minuten köcheln lassen, um die Flüssigkeit zu reduzieren. • **Frischkäse** und **Hefeflocken** einrühren und so lange weiterköcheln, bis die gewünschte Konsistenz erreicht ist. Mit **Salz, Pfeffer** und **Cayennepfeffer** abschmecken. Warm halten. • Sellerie-Topinambur-Mischung in einen Mixbecher geben und mit dem Stabmixer pürieren. Mit **Salz, Pfeffer** und **Cayennepfeffer** abschmecken. Das Püree in zwei tiefe Teller geben, das Lauchgemüse darauf anrichten und mit **Sprossen** garnieren.

Flexitarisches Extra: Hackfleisch-Schalotten-Gröstl

Zubereitungszeit 15 Minuten

2 Schalotten schälen, würfeln und in **1 EL nativem Olivenöl extra** goldgelb andünsten. **125 g Beefsteakhack** zerkrümeln, zu den Schalotten geben und bei mittlerer bis hoher Hitze 3–4 Minuten braun und krümelig braten. Mit **Salz, schwarzem Pfeffer aus der Mühle** und **½ TL Delikatesspaprika** würzen und über das Lauchgemüse geben.

TIPP Pulled Chicken passt auch sehr gut als flexitarische Füllung für die Wraps (siehe Seite 35).

Brokkoli und Lupinen-Bulgur mit Tahini-Zitronen-Dip

Zubereitungszeit 30 Minuten
Für 2 Portionen

1 Schalotte (geschält 30 g)
1 EL natives Olivenöl extra (10 ml)
100 g Lupinenschrot
300 ml heiße Gemüsebrühe plus evtl. etwas mehr
20 g Pinienkerne
500 g Brokkoli (350 g Röschen)
1 Bund glatte Petersilie (20 g Blätter)
30 g weißes Tahini (Sesammus)
1 EL Zitronensaft (10 ml)
Salz
grüner Pfeffer aus der Mühle
1 TL abgeriebene Zitronenschale
2–3 Prisen Chiliflocken

Nährwerte pro Portion
Veganes Basisrezept: 445 kcal
F 24 g, KH 17 g, B 21 g, EW 33 g
Flexitarisches Extra: 195 kcal
F 6 g, KH 57 g, B 0 g, EW 30 g

Veganes Basisrezept

Schalotte schälen und würfeln. **Öl** in einem Topf erhitzen, die Schalottenwürfel darin glasig andünsten. **Lupinenschrot** hinzugeben und andünsten, mit heißer **Brühe** ablöschen, aufkochen und abgedeckt bei niedriger Hitze 15 Minuten köcheln lassen. Vom Herd nehmen, mit einem Küchentuch abdecken und 5 Minuten ausquellen lassen. • Inzwischen die **Pinienkerne** in einer Pfanne ohne Fettzugabe goldgelb rösten und abkühlen lassen. • Den **Brokkoli** waschen und in mundgerechte, gleich große Röschen teilen (den Stiel zum Beispiel für Rohkost verwenden; Tipp siehe Seite 72). Etwas Wasser in einem Topf aufkochen, einen Dämpfkorb einhängen und den Brokkoli darin 4–5 Minuten bissfest dämpfen. Dann kurz ausdampfen lassen. • Währenddessen **Petersilie** abbrausen, trocken tupfen und die Blätter hacken. • **Tahini** mit **Zitronensaft** und 3 EL Wasser dicklich-cremig verrühren. Den Dip **salzen** und **pfeffern**, die **Zitronenschale** einrühren. • Lupinen-Bulgur mit **Salz, Pfeffer** und ein bis zwei Prisen **Chiliflocken** würzen. Pinienkerne und Petersilie teils untermischen, teils darüberstreuen und mit dem Brokkoli auf zwei Tellern anrichten. Den Dip in Klecksen darauf verteilen und mit den restlichen **Chiliflocken** bestreuen.

Flexitarisches Extra: Pulled Chicken

Zubereitungszeit 10 Minuten plus 20 Minuten Backen

Den Backofen auf 120 °C Ober-/Unterhitze vorheizen. Eine Auflaufform auf das Ofengitter (Mitte) stellen. **1 Hähnchenbrustfilet** (250 g; ohne Haut, Fett und Sehnen entfernt) trocken tupfen, salzen. **1 EL natives Olivenöl extra** in einer Pfanne erhitzen. Das Hähnchenfleisch darin bei hoher Hitze 3 Minuten von beiden Seiten goldbraun anbraten. In die Form geben, **Öl** aus der Pfanne darüberträufeln und 20 Minuten backen. Inzwischen **2 EL Tamari** (glutenfreie Sojasauce) mit **2 EL Balsamico-Essig, 20 g Tomatenmark** und **1 TL Harissa-Paste** verrühren und in einer kleinen Pfanne erwärmen. Das Fleisch mit zwei Gabeln auseinanderzupfen, zur Sauce in die Pfanne geben und vermengen.

EXKURS Kräuter

Kräuter, die Kronjuwelen der Naturheilkunde, werten nicht nur nahezu jedes Gericht geschmacklich und optisch auf, sie enthalten zudem so viele gesunde Inhaltsstoffe, dass sie schon seit der Antike als Heilpflanzen gelten. Hier die gängigsten Sorten, die auch im Buch häufig verwendet werden:

PETERSILIE

Nicht nur die Blätter, auch die Stiele und Wurzeln werden verwendet. Petersilie ist ein Vitalstoff-Tausendsassa, ungewöhnlich reich an den Vitaminen A, B_1, B_2, C und E. Sie wirkt entzündungshemmend, antioxidativ, diuretisch und verdauungsfördernd, stärkt die Sehkraft, beruhigt den Magen und erfrischt den Atem.

Zur Schonung der wertvollen Inhaltsstoffe sollte sie immer roh verzehrt werden. Sobald sie blüht, sollte sie jedoch ausdrücklich nicht mehr gegessen werden, da sie den Stoff Apiol entwickelt, der zu allergischen Reaktionen und in extrem hoher Dosis sogar zu Nieren- und Leberschäden führen kann. Auch Petersiliensamen enthalten Apiol, das in hohen Dosen für Schwangere gefährlich sein kann.

Gekocht oder getrocknet bleibt von ihren wertvollen Inhaltsstoffen und ihrem Geschmack nicht viel übrig. In der Doc Fleck Methode hat Petersilie einen Platz in der ersten Reihe der Heilkräuter – absolut verdient!

DILL

Dill ist bei uns das typische Gewürz zu Gurken, Kartoffeln und Fisch. Das süßlich-anisartige Kraut wird aber auch in der orientalischen Küche viel verwendet, zum Beispiel als Bestandteil von Taboulé. Die blühenden Dolden sind ebenfalls essbar und werden zum Einlegen von Gurken verwendet. Die ätherischen Öle des Dills – vor allem aus den Samen – sind bei Übelkeit, Erbrechen, Magenkrämpfen und Blähungen hilfreich. Dazu wirkt Dill antimikrobiell, entwässernd und entspannend, fördert das Einschlafen und hilft gegen Nervosität. Dill enthält viel Calcium und schützt so vor Knochenschwund, fördert die Heilung von Knochenbrüchen und stärkt die Zahngesundheit.

MINZE

Besonders die intensive Pfefferminze mit ihrem hohen Mentholgehalt ist der Klassiker bei Übelkeit, Reizmagen und Gallenbeschwerden, wobei sowohl getrocknete als auch frische Minzeblätter zu einem Tee aufgegossen werden können. Der starke Mentholgehalt wird unterschiedlich gut toleriert. Wer zu Magenschleimhautreizungen neigt und Gallensteine hat, sollte behutsam mit Minze umgehen und bei Beschwerden eher darauf verzichten.

Minze und andere Sorten wie Grüne Minze, Naneminze oder Marokkanische Minze wirken zudem kühlend, helfen bei Erkältungskrankheiten und Kopfschmerzen. Und sie erfrischt den Atem, was man an der vielfältigen Verwendung in Kaugummis und Zahnpasten sehen kann. Mundgeruch nach dem Verzehr von Knoblauch lässt sich durch eine schöne Portion Minze liebevoll vorbeugen.

KORIANDERGRÜN

Der Geschmack von Koriandergrün polarisiert: Die einen schätzen den zitrusfrischen Geschmack, andere mögen ihn überhaupt nicht. Sie empfinden ihn als unangenehm und seifig. Ob wir Koriander mögen oder nicht, ist vermutlich genetisch bedingt. Wer ihn nicht mag, ersetzt ihn einfach durch Petersilie. Nicht nur die Blättchen, auch die zarten Stiele und Wurzeln können gegessen werden (das gilt auch für Petersilie). Die bräunlichen Koriandersamen sind wichtiger Bestandteil der meisten Currymischungen. Sie schmecken holzig-süßlich mit feiner Zitrusnote. Koriander hat faszinierende Effekte, er regt den Appetit an und bringt Leber und Verdauung in Schwung. Dazu wirkt er entzündungshemmend, antibiotisch und immunstärkend.

Getrocknet verliert Koriandergrün sehr stark und sollte dann lieber durch Petersilie ersetzt werden.

BASILIKUM

Das Kraut ist aus der mediterranen Küche nicht wegzudenken: Ohne Basilikum ist eine Caprese oder ein köstliches Pesto unvorstellbar. Neben dem kräftigen, frisch-würzigen und leicht herb-scharfen Geschmack liefert es Calcium, Eisen, Betacarotin und Vitamin K. Bereits 20 g Basilikum decken den Tagesbedarf an Vitamin K, das eine wichtige Rolle beim Knochenstoffwechsel und bei der Blutgerinnung spielt.

Basilikum wirkt entzündungshemmend sowie magenberuhigend und ist wegen des Reichtums wichtiger ätherischer Öle wirksam gegen Stress. Außerdem wirkt es antimikrobiell und soll sogar gegen ungemütliche multiresistente Bakterien erfolg reich sein. Getrocknet verliert Basilikum an Aroma, kann aber beispielsweise in Tomatensaucen gut mitgeschmort werden.

THYMIAN

Sein ätherisches Öl enthält unter anderem die Stoffe Carvacrol und Thymol, die antibakteriell, antifungizid, antiviral und antioxidativ wirken, weshalb Thymian sogar als natürliches Antibiotikum bezeichnet wird. Die frischen oder getrockneten Blättchen sind aufgebrüht ein hochwirksamer Tee gegen Husten und andere Erkältungskrankheiten sowie Magen-Darm-Beschwerden. Auch als Gurgellösung ist Thymiantee bestens geeignet.

In der Küche passt Thymian besonders gut zu Tomaten und Pilzen. Fleisch und Hülsenfrüchte macht er bekömmlicher. Allerdings sollten Schwangere und stillende Mütter Thymian nach Verträglichkeit verzehren und nicht im Übermaß. Das gilt ebenso für Menschen mit einer Allergie gegen Birkenpollen, Lippenblütler und Sellerie.

Anders als Petersilie und Dill ist Thymian auch getrocknet sehr stark im Geschmack und enthält noch viele seiner wertvollen Inhaltsstoffe.

ROSMARIN

Das würzige, typisch mediterrane Kraut passt zu vielen Gemüsesorten, vor allem zu Tomaten und Auberginen, zu Hülsenfrüchten und Fleisch wie Lamm. Rosmarin wirkt krampflösend, durchblutungsfördernd und herzschützend.

In der Naturheilkunde wird er bei Gallenblasenentzündungen und Leberschwäche eingesetzt. Ähnlich wie Thymian hilft er bei Husten und Asthma. Er wirkt anregend, belebend und gedächtnissteigernd. Menschen mit Bluthochdruck sollten Rosmarin eher sparsam verwenden.

Ähnlich wie Thymian steckt er auch im getrockneten Zustand noch voller wertvoller Inhaltsstoffe.

Grüne und weiße Bohnen mit gebratenen Kirschtomaten

Zubereitungszeit 30 Minuten
Für 2 Portionen

400 g Brechbohnen (geputzt 300 g)
2 Zwiebeln (100 g)
3 EL natives Olivenöl extra (30 ml)
20 g Pinienkerne
6–8 Stängel Bohnenkraut (2–3 g Blätter; alternativ Thymian)
1 große Knoblauchzehe (geschält 8 g)
1 Dose weiße Bohnen, abgetropft (250 g Abtropfgewicht)
20 g Tomatenmark
1 TL Harissa-Paste
125 g Kirschtomaten
Salz
schwarzer Pfeffer aus der Mühle

Außerdem
Dämpfkorb

Nährwerte pro Portion
Veganes Basisrezept: 395 kcal
F 23 g, KH 29 g, B 13 g, EW 15 g
Flexitarisches Extra: 156 kcal
F 8 g, KH 0 g, B 0 g, EW 20 g

Veganes Basisrezept

Brechbohnen putzen, waschen und in etwa 4 cm lange Stücke schneiden. In einen Dämpfkorb geben und über kochendem Wasser 8 Minuten knapp gar dämpfen, dann eiskalt abschrecken. • Inzwischen **Zwiebeln** schälen, längs halbieren und quer in Streifen schneiden. 1 ½ EL **Öl** in einem Topf erhitzen und die Zwiebeln darin bei mittlerer Hitze unter gelegentlichem Rühren 10 Minuten weich dünsten. • Währenddessen **Pinienkerne** in einer Pfanne ohne Fettzugabe goldgelb rösten, abkühlen lassen und beiseitestellen. • **Bohnenkraut** abbrausen, trocken tupfen, zwei Stängel beiseitelegen, vom Rest die Blätter hacken. **Knoblauchzehe** schälen, hacken, mit dem gehackten Bohnenkraut zu den Zwiebeln in den Topf geben und die letzten 2 Minuten mitdünsten. **Weiße Bohnen, Tomatenmark, Harissa-Paste** und 50 ml Wasser einrühren, dann die Brechbohnen unterheben und kurz erhitzen. • In der Zwischenzeit **Tomaten** waschen, halbieren und die Stielansätze wegschneiden. Das restliche **Öl** in einer Pfanne erhitzen und die Tomaten darin 4–5 Minuten braten, bis sie anfangen, weich zu werden. **Salzen** und **pfeffern**. • Das Bohnengericht mit **Salz** und **Pfeffer** abschmecken und auf zwei Teller geben. Darauf die Tomaten verteilen, mit Pinienkernen bestreuen und mit Bohnenkraut garnieren.

Flexitarisches Extra: Lammfilet

Zubereitungszeit 10 Minuten plus ca. 30 Minuten Temperieren

2 Lammfilets (à 100 g; küchenfertig pariert) rechtzeitig aus dem Kühlschrank nehmen und etwa 30 Minuten Raumtemperatur annehmen lassen. **Salzen, 1 EL natives Olivenöl extra** in einer Pfanne erhitzen, die Lammfilets darin rundum scharf anbraten und 2–3 Minuten fertig braten. **Pfeffern** und kurz ruhen lassen. Schräg aufschneiden und auf den Bohnen anrichten. Den Bratensatz mit 1 EL Wasser lösen und darüberträufeln.

Rote-Bete-Sellerie-Püree mit Pilzgemüse

Zubereitungszeit 30 Minuten
Für 2 Portionen

Für das Püree
½ Knollensellerie (geschält 450 g)
2 EL natives Olivenöl extra (20 ml)
200 g ofengegarte Rote Beten (siehe Seite 65; alternativ vakuumverpackt)
30 g Meerrettich, frisch gerieben (nach Geschmack mehr)
Salz
schwarzer Pfeffer aus der Mühle
1–2 TL Zitronensaft (5–10 ml)
1 TL abgeriebene Zitronenschale
2 Zitronenspalten

Für die Pilze
½ Bund glatte Petersilie (10 g Blätter)
150 g Austernpilze (geputzt 125 g)
150 g braune Champignons (geputzt 125 g)
100 g Shiitakepilze (geputzt 80 g)
2 Schalotten (geschält 60 g)
2 EL natives Olivenöl extra (20 ml)
Salz
schwarzer Pfeffer aus der Mühle
100 ml vegane Sahne (z. B. Hafer Cuisine oder Reis Cuisine)
50 g veganer Frischkäse

Nährwerte pro Portion
Veganes Basisrezept: 423 kcal
F 31 g, KH 25 g, B 18 g, EW 12 g
Flexitarisches Extra: 228 kcal
F 11 g, KH 4 g, B 0 g, EW 28 g

Veganes Basisrezept

Für das Püree den **Sellerie** schälen und in 2 cm große Würfel schneiden. **Öl** in einem großen Topf erhitzen, den Sellerie darin rundum andünsten und abgedeckt 12–15 Minuten bei niedrigster Hitze farblos weich dünsten. • Inzwischen für die Pilze **Petersilie** abbrausen, trocken tupfen, Blätter hacken und beiseitestellen. Alle **Pilze** säubern und die Stiele entfernen. Die Kappen von Champignons und Shiitakepilzen in Streifen schneiden, die Austernpilzkappen in Streifen reißen. **Schalotten** schälen, halbieren und längs in Streifen schneiden. • 1 EL **Öl** in einer Pfanne erhitzen, die Schalotten darin glasig dünsten und herausnehmen. Restliches **Öl** erhitzen, die Pilze darin bei hoher Hitze 4–5 Minuten unter häufigem Rühren braten, dann **salzen** und **pfeffern**. **Sahne** und **Frischkäse** einrühren und nur noch sanft köchelnd warm halten. • **Rote Beten** würfeln, zum Sellerie geben und kurz mit erwärmen. Dann das Gemüse zerstampfen oder mit dem Stabmixer grob pürieren. **Meerrettich** untermischen, mit **Salz, Pfeffer, Zitronensaft** und **Zitronenschale** abschmecken. • Petersilie unter die Pilze mischen, mit dem Püree auf zwei Tellern anrichten und die **Zitronenspalten** dazulegen.

Flexitarisches Extra: knuspriges Zanderfilet

Zubereitungszeit ca. 12 Minuten

2 Zanderfilets mit Haut (à 150 g) kalt abbrausen und trocken tupfen. Auf der Fleischseite **salzen** und **pfeffern**, die Hautseite fest in **10 g Reismehl** drücken, eventuell etwas einreiben. **2 EL natives Olivenöl extra** in einer Pfanne erhitzen, die Fischfilets mit der Hautseite nach unten bei knapp mittlerer Hitze 4–5 Minuten vorsichtig braten, damit die Haut nicht verbrennt. Den Fisch dabei mit dem Pfannenwender leicht flach drücken, damit sich der Fisch nicht wölbt. Vom Herd nehmen, den Fisch wenden und auf der Fleischseite noch kurz nachziehen lassen. Dann mit der Hautseite nach oben auf oder neben dem Püree anrichten. Den Bratensatz mit **1 EL Zitronensaft** lösen und über das Püree träufeln.

Ofengemüse mit Guacamole und Rotkohlstreifen

Zubereitungszeit 40 Minuten
Für 2 Portionen

Für das Gemüse
250 g Karotten (geschält 200 g)
200 g Pastinaken (geschält 150 g)
1 Stück Knollensellerie (geschält 150 g)
4 rote Zwiebeln (geschält 200 g)
4–5 Knoblauchzehen (geschält 20 g)
2 Zweige Rosmarin
3 EL natives Olivenöl extra (30 ml)
Salz
schwarzer Pfeffer aus der Mühle
1 TL Paprikapulver (z. B. Rauchpaprika)
1 TL gemahlene Kurkuma
1 kleines Stück Rotkohl (ca. 30 g)

Für die Guacamole
1 Avocado (125 g Fruchtfleisch)
1 EL Limettensaft (10 ml)
1 TL abgeriebene Limettenschale
50 g Sojaquark (alternativ Kokosjoghurt)
Salz
schwarzer Pfeffer aus der Mühle
1 Prise Chiliflocken
1 dünne Frühlingszwiebel (geputzt 15 g)
½ Bund Koriandergrün (10 g Blätter und zarte Stiele)

Nährwerte pro Portion
Veganes Basisrezept: 383 kcal
F 31 g, KH 18 g, B 15 g, EW 8 g
Flexitarisches Extra: 165 kcal
F 10 g, KH 4 g, B 0 g, EW 14 g

Veganes Basisrezept

Den Backofen auf 220 °C Ober-/Unterhitze vorheizen. • Für das Gemüse **Karotten** und **Pastinaken** schälen und schräg in 3 mm dicke Scheiben hobeln. **Sellerie** schälen und knapp 2 cm groß würfeln. **Zwiebeln** schälen und vierteln. **Knoblauchzehen** schälen und ganz lassen. Alles in eine Auflaufform füllen. **Rosmarin** abbrausen, trocken tupfen, halbieren und zum Gemüse geben. • **Öl** mit etwas **Salz, Pfeffer, Paprikapulver** und **Kurkuma** verrühren, über das Gemüse träufeln, gut vermischen und im vorgeheizten Ofen 20–25 Minuten backen, dabei gelegentlich umrühren. • Inzwischen für die Guacamole **Avocado** halbieren, entkernen und das Fruchtfleisch aus der Schale lösen. Mit einer Gabel zerdrücken, **Limettensaft, Limettenschale** und **Sojaquark** einrühren, mit **Salz, Pfeffer** und **Chiliflocken** würzen. **Frühlingszwiebel** putzen und in dünne Ringe schneiden. **Koriandergrün** abbrausen, trocken tupfen und hacken. Jeweils die Hälfte von Frühlingszwiebel und Koriander untermischen. • **Rotkohl** hauchdünn hobeln. Das fertig gebackene Ofengemüse auf zwei Teller verteilen, den Rosmarin dabei entfernen. Jeweils einen Klecks Guacamole daraufsetzen, mit restlicher Frühlingszwiebel und restlichem Koriander bestreuen und mit Rotkohl garnieren.

Flexitarisches Extra: Kräuterquark

Zubereitungszeit 8 Minuten

200 g Magerquark mit **2 EL Leinöl** verrühren, mit **Kräutersalz, grünem Pfeffer aus der Mühle, 1 TL Limettensaft** und **1 TL abgeriebener Limettenschale** würzen und **25 g gemischte TK-Kräuter** unterheben.

Blattspinat mit gerösteten Blumenkohlröschen und Tahini-Zitronen-Dressing

Zubereitungszeit 45 Minuten
Für 2 Portionen

Für den Spinat
400 g TK-Blattspinat (portionierbar)
3 Schalotten (geschält 60 g)
2 Knoblauchzehen (geschält 10 g)
1 ½ EL natives Olivenöl extra (15 ml)
50 ml Gemüsebrühe
Salz
grüner Pfeffer aus der Mühle
1 Prise frisch geriebene Muskatnuss
1 Spritzer Zitronensaft
1 TL abgeriebene Zitronenschale

Für den Röstkohl
½ Blumenkohl (400 g Röschen)
2 ½ EL natives Olivenöl extra (25 ml)
Salz
grüner Pfeffer aus der Mühle
1 EL Zitronensaft (10 ml)

Für das Dressing
50 g weißes Tahini (Sesammus)
1 EL Zitronensaft (10 ml)
1 TL abgeriebene Zitronenschale
Salz
grüner Pfeffer aus der Mühle
1 Prise Cayennepfeffer

Für die Garnierung
3–4 Stängel glatte Petersilie (10 g Blätter)
1 TL schwarze Sesamsaat

Nährwerte pro Portion
Veganes Basisrezept: 449 kcal
F 35 g, KH 13 g, B 14 g, EW 18 g
Flexitarisches Extra: 250 kcal
F 23 g, KH 2 g, B 1 g, EW 10 g

Veganes Basisrezept

Den Backofen auf 200 °C Ober-/Unterhitze vorheizen. • Den **Spinat** bis zur Verwendung antauen lassen. • Für den Röstkohl **Blumenkohl** waschen, trocken tupfen und in mundgerechte, etwa 2 cm große Röschen teilen. In einer großen Auflaufform (die Röschen sollten nicht übereinanderliegen) gut mit **Olivenöl** mischen, sodass sie rundum benetzt sind. **Salzen, pfeffern**, mit **Zitronensaft** beträufeln und im vorgeheizten Ofen (Mitte) 30 Minuten rösten, dabei ab und zu wenden, bis die Röschen bissfest gar und leicht gebräunt sind. • Inzwischen für das Dressing **Tahini** mit 40–50 ml Wasser, **Zitronensaft** und **Zitronenschale** glatt rühren, mit **Salz, Pfeffer** und **Cayennepfeffer** pikant abschmecken und beiseitestellen. • **Schalotten** und **Knoblauchzehen** für den Spinat schälen und klein würfeln. **Öl** in einem Topf erhitzen und die Schalotten darin glasig andünsten. Knoblauch kurz mitdünsten, dann den angetauten Spinat dazugeben. **Brühe** angießen, aufkochen und abgedeckt bei niedriger Hitze 6 Minuten köcheln lassen. Danach noch kurz ohne Deckel köcheln lassen, bis die Flüssigkeit vollständig verkocht ist. Mit **Salz, Pfeffer, Muskatnuss, Zitronensaft** und **Zitronenschale** abschmecken. • In der Zwischenzeit für die Garnierung **Petersilie** abbrausen, trocken tupfen und die Blätter hacken. • Den Spinat auf zwei Teller geben, die Blumenkohlröschen darauf anrichten und das Dressing in Streifen darüberträufeln. Mit Petersilie und **schwarzem Sesam** garnieren.

Flexitarisches Extra: Blauschimmelkäse-Walnuss-Obazda

Zubereitungszeit 10 Minuten

75 g milden Gorgonzola mit der Gabel zerdrücken und mit **25 g Doppelrahmfrischkäse** mischen. Mit **schwarzem Pfeffer aus der Mühle** würzen. **25 g Walnusskerne** hacken und untermischen. Mit zwei Teelöffeln kleine Nocken formen und das Gericht damit toppen.

Geschnetzeltes mit Jackfruit

Zubereitungszeit 30 Minuten
Für 2 Portionen

1 Dose grüne Jackfruit in Salzlake (250 g Abtropfgewicht)
125 g braune Champignons (geputzt 100 g)
2 Schalotten (geschält 60 g)
½ Bund glatte Petersilie (10 g Blätter)
3 EL natives Olivenöl extra (30 ml)
Salz
schwarzer Pfeffer aus der Mühle
200 ml vegane Sahne (z. B. Reis Cuisine)
1 TL Pilzpulver (siehe unten)
50 g vegane Crème fraîche
1–2 Prisen Piment d'Espelette (alternativ Chiliflocken)

Nährwerte pro Portion 361 kcal
F 31 g, KH 16 g, B 5 g, EW 4 g

Jackfruit in ein Sieb geben, gründlich kalt abbrausen und abtropfen lassen. Restliche Flüssigkeit mit Küchenpapier kräftig ausdrücken, dann die Jackfruitstücke in Streifen schneiden. • **Champignons** säubern, die Stiele entfernen und die Kappen in 5 mm dicke Scheiben schneiden. **Schalotten** schälen, halbieren und in Streifen schneiden. **Petersilie** abbrausen, trocken tupfen und die Blätter hacken. • Champignons in einer Pfanne ohne Fettzugabe 3 Minuten bei hoher Hitze rührbraten. An den Rand schieben, 1 EL **Öl** hineingeben und die Schalotten darin bei mittlerer Hitze glasig dünsten. Mit den Pilzen mischen, **salzen, pfeffern**, herausnehmen und warm halten. • Restliches **Öl** in der Pfanne erhitzen und die Jackfruitstreifen darin bei hoher Hitze 5–6 Minuten rundum goldbraun und knusprig braten. **Salzen** und **pfeffern**, **Sahne** angießen und dicklich einkochen lassen. Mit **Pilzpulver** würzen, Champignonmischung hinzufügen und noch mal abschmecken. • Auf zwei Schalen verteilen, jeweils einen Klecks **Crème fraîche** daraufsetzen und mit **Piment d'Espelette** und Petersilie bestreuen.

Pilzpulver

Getrocknete Pilze (am besten Steinpilze) im Blitzhacker zu Pulver verarbeiten und durchsieben. Feines Pulver als Gewürz, gröbere ausgesiebte Stückchen für Schmorgerichte verwenden. Das Pilzpulver gut verschlossen aufbewahren.

TIPP Dazu passt gegarter Basmatireis.

EXKURS Tofu, Seidentofu und Tempeh

Die bekanntesten Eiweißlieferanten aus Hülsenfrüchten sind Tofu und Tempeh, die traditionell aus Sojabohnen hergestellt werden. Beide sind relativ geschmacksneutral und profitieren von einer würzigen Marinade.

TOFU

Für Tofu werden gemahlene Sojabohnen ausgepresst. Die so entstandene „Sojamilch" wird unter Zugabe von Calciumsulfat und Magnesiumchlorid zur Gerinnung gebracht und zu Blöcken gepresst. Der fertige Tofu enthält immer noch viel Flüssigkeit und hat eine etwas schwammige Konsistenz. Bevor man Tofu brät, sollte er unbedingt gut ausgepresst werden – entweder in einer speziellen Tofupresse oder einfach in mehrere Schichten Küchenpapier gewickelt und zusätzlich beschwert. Der so vorbehandelte Tofu wird dann in Streifen oder Würfel geschnitten und mariniert. Wie ein Schwamm saugt er mit der Marinade Geschmack auf, wird aber auch wieder weicher in der Konsistenz. Damit er sich dennoch knusprig braten lässt, wird er mit etwas Reis- oder Maisstärke bestäubt. Den Überschuss abstreifen und in sehr heißem Erdnuss- oder Kokosöl 4–5 Minuten bei starker Hitze braten, bis er gebräunt und knusprig ist.

Tofu kann man unterschiedlich gewürzt auch fertig kaufen, oder als Räuchertofu, der in der veganen Küche gern als Ersatz für Speck eingesetzt wird. Durch das Räuchern bekommt er den typischen Rauchgeschmack. Er verliert dabei auch an Flüssigkeit, was ihn fester als Naturtofu macht. Er eignet sich gut als Brotbelag.

SEIDENTOFU

Seidentofu wird nach dem Gerinnungsprozess nicht mehr gepresst. Er hat eine sehr weiche Konsistenz und wenig Eigengeschmack. Gewürfelt ist er die klassische Einlage in japanischen Misosuppen. Aufgrund seiner zarten Struktur eignet er sich wunderbar für luftige Desserts, zum Beispiel für den Schoko-Bananen-Pudding (siehe Seite 143).

TEMPEH

Für Tempeh werden ganze gekochte Sojabohnen fermentiert. Er ist schnittfest und lässt sich gut braten oder als Brotbelag einsetzen. Gewürfelt und mariniert wertet Tempeh vegane Bowls auf. Scharf gebratene Tempehwürfel sind eine ideale glutenfreie Croûton-Variante.

ALTERNATIVEN

Für alle, die auf Soja verzichten möchten: Mittlerweile gibt es auch Tofu aus Kichererbsen, Tempeh aus Lupinen und anstelle von Sojaschnetzeln „Hack" aus Sonnenblumenkernen. Sojaschnetzel und Sonnenblumen-„Hack" quellen mit Wasser stark auf, weshalb kleinere Mengen verarbeitet werden – Sojaschnetzel 50 g und Sonnenblumen-„Hack" 40 g pro Person. So liefert 1 Portion Sojaschnetzel 182 kcal, 3,8 g F, 24,6 g EW, 8,2 g KH und 8,1 g FB und 1 Portion Sonnenblumen-„Hack" 122 kcal, 0,8 g F, 20,4 g EW, 4,6 g KH und 7,6 g FB.

Name	KCAL	F	KH	B	EW
Tofu	127	7,0	1,6	1,0	14,0
Seidentofu	52	3,0	0	0	6,0
Tempeh	170	5,0	9,0	6,5	19,0
Tofu aus Kichererbsen	90	1,3	13,2	3,1	4,9
Tempeh aus Lupinen	119	3,6	1,5	10,0	15,5
Sojaschnetzel	363	7,6	16,3	16,2	49,2
„Hack" aus Sonnenblumenkernen	323	2,2	11,9	20,1	53,8

EXKURS Aktivieren von Mandeln und Nüssen

In vielen Foren und Artikeln wird empfohlen, Mandeln oder Nüsse zu „aktivieren“, um damit den Keimprozess zu starten, wichtige Nährstoffe zu steigern und die Nüsse bekömmlicher zu machen. Auch sollen dabei die sogenannten Antinährstoffe wie Lektine (sowie Phytinsäure und Enzymhemmer), die die Verträglichkeit einschränken, abgebaut werden. Lektine sind Stoffe, die die Pflanzen bilden, um Fressfeinde abzuschrecken. Jede Pflanze bildet dabei ganz individuelle Lektine aus.

Mittlerweile gibt es Studien, die den Effekt des Aktivierens von Mandeln und Nüssen nicht eindeutig bestätigen. Da diese in der Natur nur sehr langsam keimen, ist es unwahrscheinlich, dass sich über Nacht ihr gesundheitlicher Wert schlagartig verbessert. Ebenso unwahrscheinlich ist, dass bereits geschälte Nüsse, insbesondere Walnusshälften, überhaupt noch keimen.

Beim Aktivieren werden Nüsse und Mandeln mehrere Stunden in leicht gesalzenem Wasser eingeweicht und dann abgebraust. Für die Weiterverarbeitung, zum Beispiel von Nussmilch oder -mus, ist das Einweichen durchaus sinnvoll. Auch schmecken eingeweichte Mandeln und Nüsse viel frischer. Bei Haselnüssen beispielsweise ist der Vergleich mit jung geernteten Nüssen zutreffend.

AKTIVIEREN VON HÜLSENFRÜCHTEN

Anders ist es mit dem Aktivieren von Hülsenfrüchten. Man macht es traditionell bei getrockneten Bohnen, Erbsen, Kichererbsen und Linsen, indem man sie über Nacht einweicht und vor dem Kochen das Einweichwasser weggießt, da sich hierin ein Großteil der Lektine befindet. Durch das anschließende Kochen werden verbliebene Lektine definitiv vernichtet. Und das ergibt aus gesundheitlicher Sicht und für die Bekömmlichkeit absolut Sinn.

Wenn man die eingeweichten Hülsenfrüchte mehrere Tage keimen lässt (siehe auch Seite 114: Exkurs „Sprossen und Microgreens“), kommt es zu einem explosionsartigen Wachstum der pflanzlichen Nährstoffe.

In Form von Sprossen sind Hülsenfrüchte nicht nur nährstoffreicher, sie sind für empfindliche Menschen auch viel bekömmlicher. Dennoch soll man Bohnen-, Erbsen- und Kichererbsensprossen wegen des enthaltenen Phasins keinesfalls roh verzehren. Sie müssen trotz des Keimens gekocht oder zumindest blanchiert werden.

MUNGOBOHNEN UND LINSEN

Ausnahmen bilden Linsen- und Mungobohnenkeimlinge beziehungsweise Linsen- und Mungobohnensprossen. Nach gründlichem Spülen gibt man sie in ein Glas mit Siebdeckel (Keimglas), das schräg gestellt wird, sodass überschüssiges Wasser abfließen kann. Zwei- bis dreimal täglich werden die Mungobohnen gründlich gespült und wieder abgetropft. Nach 2–3 Tagen kann man die Sprossen roh essen. Mungobohnen sind sehr proteinreich. Während des Keimens wandelt sich ein Teil des Proteins in essenzielle Aminosäuren um. Dazu enthalten die Sprossen die Vitamine C und E sowie der B-Gruppe, dazu Kalium, Eisen, Calcium und Magnesium.

Zum Keimen geeignete Linsen sind grüne Linsen, braune Tellerlinsen und Belugalinsen. Geschälte Linsen wie rote Linsen lassen sich nicht keimen. Linsensprossen sollten nach 3–4 Tagen gegessen werden, in jedem Fall, bevor die Minipflanze Blättchen ausbildet.

Brokkoli-Linsen-Salat mit Quinoa, Rucola und aktivierten Mandeln

Zubereitungszeit 35 Minuten
plus evtl. 12 Stunden Keimen
bzw. Aktivieren
Für 2 Portionen

50 g Quinoa (ungekocht oder gekeimt)
Salz
1 Brokkoli (300 g Röschen)
40 g Rucola (geputzt 30 g)
½ Dose Linsen (125 g)
½ kleiner Granatapfel (60 g Fruchtkerne; Gesundheitstipp siehe Seite 84)
30 g ungeschälte Mandelkerne (nach Belieben aktiviert; siehe Seite 59)
1 ½ EL Apfel-Balsamico-Essig (15 ml)
2 TL Dijonsenf (10 g)
schwarzer Pfeffer aus der Mühle
3 EL natives Olivenöl extra (30 ml)
10 g Grünkohlsprossen (siehe Seite 114; alternativ andere Microgreens bzw. Sprossen)

Außerdem
Dämpfkorb

Nährwerte pro Portion 454 kcal
F 26 g, KH 37 g, B 13 g, EW 17 g

Quinoa nach Packungsangaben in **Salzwasser** garen (etwa 15 Minuten köcheln und 10 Minuten ausquellen). Dann ausdampfen und abkühlen lassen. Alternativ am Vortag gekeimte Quinoa vorbereiten. • Inzwischen **Brokkoli** in gleich große Röschen teilen, waschen, in einen Dämpfkorb geben und über kochendem **Salzwasser** etwa 5 Minuten bissfest dämpfen. Eiskalt abschrecken und abtropfen lassen. • **Rucola** waschen und trocken schleudern. **Linsen** in ein Sieb geben und abtropfen lassen. Die Fruchtkerne aus dem **Granatapfel** lösen. **Mandeln** grob hacken. • **Essig** mit **Senf,** etwas **Salz** und **Pfeffer** verrühren, dann das **Öl** kräftig einrühren. • Zwei Schalen mit Rucola auslegen, darauf Quinoa, Brokkoli und Linsen anrichten und mit dem Dressing beträufeln. Mit Granatapfelkernen und Mandeln bestreuen und mit **Sprossen** garnieren.

DOC FLECKS GESUNDHEITSTIPP

Das Pseudogetreide **Quinoa** ist ein Lebensmittel der Superlative: Pro 100 g enthält es enorme 14 g Eiweiß und alle neun essenziellen Aminosäuren. Auch mit seinem Gehalt an Mineralien toppt es die üblichen Getreidesorten. Dazu ist es glutenfrei und kann bei Zöliakie und anderen Getreideunverträglichkeiten problemlos gegessen werden. Die in Quinoa enthaltenen Mineralien Mangan und Kupfer bilden ein Enzym, das die Mitochondrien und die roten Blutkörperchen vor freien Radikalen schützt. Dazu ist Quinoa reich an Tryptophan, das im Gehirn zur Herstellung des Glückshormons Serotonin gebraucht wird.

Spargel-Blaubeer-Salat mit Basilikumpesto

Zubereitungszeit 25 Minuten
Für 2 Portionen

500 g grüner Spargel (geschält 375 g)
200 g Blaubeeren
40 g Pinienkerne
1 Topf Basilikum (30 g Blätter)
2 TL abgeriebene Zitronenschale
1 EL Zitronensaft (10 ml)
3 EL natives Olivenöl extra (30 ml)
Flockensalz
grüner Pfeffer aus der Mühle

Nährwerte pro Portion
Veganes Basisrezept: 342 kcal
F 28 g, KH 15 g, B 8 g, EW 7 g
Flexitarisches Extra: 203 kcal
F 17 g, KH 0 g, B 0 g, EW 12 g

Veganes Basisrezept

Spargel im unteren Drittel schälen, holzige Teile entfernen, Spargel waschen, in 2–3 cm lange Stücke schneiden und die Spargelspitzen zunächst beiseitelegen. Zuerst die dickeren Stücke in einen Dämpfkorb geben und über kochendem Wasser 1 Minute dämpfen. Dann die restlichen Stücke hinzufügen und 1 Minute mitdämpfen. Zum Schluss die Spargelspitzen dazugeben und 1–2 Minuten bissfest dämpfen. Anschließend eiskalt abschrecken und in sehr kaltem Wasser vollständig auskühlen lassen. Abgießen, abtropfen lassen und trocken tupfen. • **Blaubeeren** abbrausen und trocken tupfen. **Pinienkerne** in einer Pfanne ohne Fettzugabe goldgelb rösten und abkühlen lassen. • **Basilikumblätter** abzupfen, abbrausen und trocken tupfen. Einige kleine Blätter beiseitelegen, den Rest grob hacken und mit 10 g gerösteten Pinienkernen und **Zitronenschale** im Blitzhacker kleinstückig hacken. Herausnehmen, **Zitronensaft** und 2 EL **Öl** untermischen und mit **Flockensalz** und **Pfeffer** würzen. • Spargelstücke in zwei Schalen geben, restliches **Öl** darüberträufeln, **salzen** und **pfeffern**. Blaubeeren darauf verteilen und das Pesto in kleinen Klecksen dazwischensetzen. Mit restlichen Pinienkernen bestreuen und mit Basilikum garnieren.

Flexitarisches Extra: Mozzarella

Zubereitungszeit 5 Minuten

1 Kugel Mozzarella (125 g) trocken tupfen, in Scheiben schneiden und auf dem Salat verteilen. Mit **1 EL nativem Olivenöl extra** beträufeln, mit **Flockensalz** und **schwarzem Pfeffer aus der Mühle** würzen.

TIPP Für eine Variante die Blaubeeren durch Erdbeeren ersetzen und das Pesto mit Minze zubereiten.

Rote-Bete-Carpaccio mit Rucola, Feta und Kürbiskernöl-Dill-Dressing

Zubereitungszeit 25 Minuten
plus 45 Minuten Backen
Für 2 Portionen

2 Rote Beten (à 150 g; alternativ vakuumverpackte, gegarte Rote Bete)
30 g Kürbiskerne
60 g Rucola (geputzt 45 g)
3 EL natives Olivenöl extra (30 ml)
4–5 Stängel Dill (15 g Dillspitzen)
2 ½ EL Zitronensaft (25 ml)
Salz
grüner Pfeffer aus der Mühle
2 TL Dijonsenf (10 g)
2 TL abgeriebene Zitronenschale
1 EL Kürbiskernöl (10 ml)
100 g veganer Feta

Nährwerte pro Portion 425 kcal
F 36 g, KH 17 g, B 5 g, EW 9 g

Den Backofen auf 200 °C Ober-/Unterhitze vorheizen. **Rote Beten** waschen, ungeschält einzeln in Alufolie einwickeln und auf dem Ofenrost (Mitte) 45 Minuten bissfest garen. Herausnehmen, auswickeln und abkühlen lassen (alternativ vorgegarte Rote Beten verwenden). • Inzwischen **Kürbiskerne** in einer Pfanne ohne Fettzugabe rösten, bis sie anfangen, zu knistern und sich aufzublähen. Abkühlen lassen. • **Rucola** waschen, trocken tupfen und auf zwei großen Tellern verteilen. Mit je ½ EL **Olivenöl** beträufeln. **Dill** abbrausen, trocken tupfen, Spitzen abzupfen, einige beiseitelegen und den Rest im Blitzhacker sehr fein hacken. • **Zitronensaft** mit etwas **Salz, Pfeffer, Senf, Zitronenschale** und gehacktem Dill verrühren, dann restliches **Olivenöl** und **Kürbiskernöl** kräftig einrühren. • Rote Beten schälen, in hauchdünne Scheiben hobeln, auf dem Rucola leicht überlappend anrichten, **salzen** und **pfeffern** und mit dem Dressing beträufeln. • **Feta** zerbröseln und auf den Roten Beten verteilen, die Kürbiskerne darüberstreuen und mit Dillspitzen garnieren.

TIPP Wer mag, kann das Carpaccio auch aus rohen Roten Beten zubereiten. Wichtig ist, dass die Scheiben nahezu papierdünn gehobelt werden.

Sesam-Blattspinat mit Tomaten, Minigurken, Avocado und Tahini-Dressing

Zubereitungszeit 35 Minuten
Für 2 Portionen

8 reife, längliche kleine Tomaten (z. B. Datteltomaten oder kleine Roma-Tomaten; ca. 125 g)
3 EL Tamari (glutenfreie Sojasauce; 30 ml)
1 TL weiße Misopaste (5 g)
5 g Dulse- oder Wakame-Algen
300 g frischer Blattspinat (geputzt 250 g)
2 EL Limettensaft (20 ml)
20 g helles Tahini (Sesammus)
1 TL abgeriebene Limettenschale
1 ½ EL geröstetes Sesamöl (15 ml)
15 g geschälte Sesamsaat
4–5 Minigurken (150 g)
1 kleine Avocado (100 g Fruchtfleisch)
10 g Rettich- oder Senfsprossen (siehe Seite 114; alternativ Daikonkresse)

Nährwerte pro Portion
Veganes Basisrezept: 347 kcal
F 29 g, KH 8 g, B 11 g, EW 12 g
Flexitarisches Extra: 214 kcal
F 17 g, KH 0 g, B 1 g, EW 17 g

Veganes Basisrezept

Tomaten blanchieren, häuten, längs halbieren, Stielansätze wegschneiden, entkernen und trocken tupfen. 1 EL **Tamari** mit **Misopaste** verrühren, die Tomatenhälften damit bestreichen und mehrmals wenden. • Die **Algen** in kaltem Wasser einweichen. • Einen Topf etwa 5 cm hoch mit Wasser füllen und aufkochen. **Blattspinat** waschen und lange Stiele abknipsen. In einem großen Metallsieb über dem kochenden Wasser 30 Sekunden abgedeckt dämpfen. Sofort eiskalt abschrecken und trocken schleudern. • Restliche **Tamari,** 1 EL **Limettensaft, Tahini,** ½ TL **Limettenschale** und **Sesamöl** zu einem Dressing verrühren. • **Sesam** in einer Pfanne ohne Fett goldgelb rösten und abkühlen lassen. • **Gurken** waschen und schräg in dünne Scheiben hobeln. **Avocado** entkernen, Fruchtfleisch aus der Schale lösen, in Spalten schneiden und mit dem restlichen **Limettensaft** beträufeln. • Spinat auf zwei Schalen verteilen und mit Sesam bestreuen, auf einem Drittel des Spinats die Gurken anrichten und beides mit dem Dressing beträufeln. Daneben Tomaten und Avocadospalten anrichten. Die Algen abgießen, trocken tupfen, dazwischen verteilen, mit **Sprossen** garnieren und restliche **Limettenschale** darüberstreuen.

Flexitarisches Extra: Thunfisch-Sashimi

Zubereitungszeit 8 Minuten

150 g Thunfisch (Sashimi-Qualität) in 1 × 3 cm große Streifen schneiden, mit **2 TL Sesamöl** bestreichen und mit **½ TL Limettenschale** bestreuen.

EXKURS Algen und Algenöl

Spätestens mit der Faszination für die japanische Küche wuchs auch die Neugier auf und die Begeisterung für Algen. Geröstete Noriblätter als Umhüllung von Maki-Sushi oder fein geschnitten als Topping und Wakame-Algen sind unersetzlich für die klassische Misosuppe. Doch Algen sind nicht nur geschmacklich eine wichtige Bereicherung, auch Ihre Gesundheit kann profitieren.

Algen sind talentiert. Sie können Nährstoffe aus ihrer Umgebung aufnehmen und speichern. So enthalten sie wichtiges Jod, Eisen und Calcium, die Vitamine C, E, K und B, insbesondere B_{12}, das sonst fast nur in tierischen Produkten vorkommt, sowie Antioxidantien, Aminosäuren und Fettsäuren. Ihr hoher Proteingehalt bringt zudem sämtliche essenziellen Aminosäuren, wichtige Eiweißbausteine, mit sich.

Bezogen auf ihr Gewicht enthalten Algen mehr Eiweiß als Eier oder Fleisch, allerdings nimmt man Algen wegen des – vor allem in getrockneten Algen – vorkommenden Jods nur in geringer Menge zu sich.

Ein Detail an Algen ist aus Sicht der modernen Präventivmedizin herausragend: Algen sind reich an essenziellen mehrfach ungesättigten Omega-3-Fettsäuren. Die Omega-3-Fettsäuren sind elementar für die Gesundheit der Zellmembranen jeder einzelnen Körperzelle. Sie wirken antientzündlich und sind aus aktuellen innovativen Empfehlungen nicht mehr wegzudenken.

Entscheidend für den Körper sind die langkettigen Omega-3-Fettsäuren Docosahexaensäure (DHA) und Eicosapentaensäure (EPA). Sie sind für die kleinsten Gefäße und Nerven des Körpers wichtig. Natürlich kommen diese langkettigen Fettsäuren in fettem Seefisch vor. Doch die Urquelle dieser Fettsäuren sind Algen, die den Fischen als Futter dienen. Eine gesundheitlich wertvolle Alternative zum Verzehr von Fisch und Fischölen ist der regelmäßige Verzehr von Algen und vor allem Algenölen. Beim Kauf von Algenprodukten sollten Sie unbedingt auf hochwertige Produkte achten.

Zeit, die Algen etwas mehr unter die Lupe zu nehmen! Mit immerhin mehr als 25.000 Arten in Form von Makro- und Mikroalgen sind Algen die ältesten Pflanzen der Erde. Es gibt sie in Salz- und Süßwasser. Die bekanntesten Arten sind Rot-, Grün-, Blau- und Braunalgen.

WAKAME-ALGEN

Wakame gehört zu den Braunalgen und wird in der japanischen, koreanischen und chinesischen Küche häufig verwendet. Bei uns bekommt man sie meist getrocknet. Durch Einweichen in Wasser quillt sie rasch auf und erreicht ein etwa Vierfaches an Volumen. Neben anderen wertvollen Inhaltsstoffen enthalten Wakame-Algen Alginsäure, die dem Körper beim Entgiften hilft. Herausragend ist der Calciumgehalt, denn der ist etwa zehnmal so hoch wie der von Kuhmilch.

NORI

Nori ist keine eigene Algenart, sondern eher ein Oberbegriff für verschiedene Süßwasseralgen. Entsprechend variiert ihre Farbe von rötlich zu grün bis fast schwarz. Meistens werden sie als geröstete Blätter von etwa 2,5 g angeboten, aber auch als Streifen, Flocken oder pikant gewürzte Snacks. Nori ist besonders reich an Vitamin B_{12}.

DULSE-ALGEN

Dulse gehören zu den Rotalgen. Sie wachsen nicht nur an den Küsten des Atlantiks und Pazifiks, auch an den Küsten Frankreichs und Irlands wird ihr würziger, leicht speckiger Geschmack in Suppen und Eintöpfen geschätzt. Dulse sind reich an Mineralstoffen und Spurenelementen, enthalten Vitamin A, Eisen, Magnesium und Zink, dazu Carotinoide. Der Gehalt an Jod ist geringer als bei anderen Algensorten.

SPIRULINA

Sie gehört zu den Blaualgen, die eigentlich keine echten Algen, sondern sogenannte Cyanobakterien sind, eine der ursprünglichsten Lebensformen der Erde. Sie sind vollgepackt mit wertvollen Inhaltsstoffen, weshalb man sie zu den Nutraceuticals zählt, also zu Nahrungsmitteln mit besonderen medizinischen und gesundheitlichen Vorteilen. Unter anderem ist Spirulina bei erhöhtem Cholesterin- und Blutzuckerspiegel, entzündlichen Erkrankungen, Herz-Kreislauf-Erkrankungen und Allergien hilfreich. Man bekommt Spirulina meist gemahlen als Pulver oder in Kapseln. Neben dem intensiv grünen Pulver gibt es auch eine blaue Variante, von der eine kleine Menge bereits genügt, um Speisen ganz natürlich blau zu färben.

CHLORELLA

Chlorella heißt so viel wie „kleines junges Grün". Sie ist eine Süßwasseralge, gehört zu den Mikroalgen und ist besonders für ihre entgiftende Wirkung bekannt. Das liegt an dem höchsten Gehalt an Chlorophyll, der überhaupt in Pflanzen gemessen wurde. Chlorophyll ist von seiner chemischen Struktur dem Farbstoff des menschlichen Blutes, dem Hämoglobin, sehr ähnlich, was Chlorophyll zu einem idealen Nährstoff macht.

ALGENÖL

Ein gutes Algenöl sollte frisch gepresst sein, denn die Qualität des Öles hängt vor allem von Frischegrad und Herstellungsprozess ab. Omega-3-Fettsäuren sind Mimosen: Unter dem Einfluss von Licht, Hitze und Sauerstoff oxidieren sie und werden ranzig. Achten Sie deshalb auf dem Etikett auf Hinweise zum Produktionsprozess (zum Beispiel „omega-safe" oder „ohne Licht, Hitze, Sauerstoff gepresst") und beziehen Algenöle am besten direkt vom Hersteller. So erhalten Sie ein gesundheitlich wertvolles Produkt. Innovative Produkte kombinieren zum Beispiel Leinöl mit DHA/EPA und Weizenkeimöl als Antioxidans und optional Vitamin D. Auch Hanf-, Sonnenblumen- oder Olivenöl ist als Alternative zu Leinöl für die Zugabe von DHA/EPA geeignet. Wichtig: Leinöl reicht für die optimale Versorgung mit DHA/EPA nicht zwingend aus. Dieser Hinweis ist vor allem für Veganer oder überwiegend vegan lebende Menschen wichtig, um ausreichend mit langkettigen Omega-3-Fetten versorgt zu sein.

Wie alle Öle mit höherem Omega-3-Gehalt dürfen Leinöle (auch Walnussöl und Hanföl) und Algenöle nicht erhitzt werden. Hochwertige, frisch gepresste Produkte haben einen angenehmen Geschmack. Um den Geschmack zu verbessern, wird manchen Produkten eine kleine Menge Zitrusöl beigemischt. Algenöl wird nach den Dosierungsempfehlungen der Packungsbeilage verwendet. Nach Anbruch muss es unbedingt im Kühlschrank gelagert und schnell aufgebraucht werden.

Grünkohl-Mandel-Salat mit Karottenspiralen und zweierlei Mandelmus-Dressing

Zubereitungszeit 30 Minuten
Für 2 Portionen

250 g Grünkohl (geputzt 150 g; alternativ Schwarzkohl)
Salz
2 EL natives Olivenöl extra (20 ml)
2 sehr große Karotten (insgesamt ca. 370 g; ergibt 250 g Spiralen)
grüner Pfeffer aus der Mühle
60 g weißes Mandelmus
1 TL Zitronensaft (5 ml)
1 TL abgeriebene Zitronenschale
¼ TL gemahlene Kurkuma
¼ TL Spirulina-Pulver
30 g aktivierte Mandelkerne (siehe Seite 59; alternativ unbehandelte Mandelkerne)
einige Grünkohlkeimlinge (nach Belieben; siehe Seite 114; alternativ andere Microgreens)

Außerdem
Spiralschneider (alternativ Sparschäler)

Nährwerte pro Portion
Veganes Basisrezept: 425 kcal
F 36 g, KH 10 g, B 12 g, EW 15 g
Flexitarisches Extra: 59 kcal
F 5 g, KH 0 g, B 0 g, EW 4 g

Veganes Basisrezept

Grünkohl von den Blattrippen befreien, in kleine Stücke zerzupfen, waschen und gut trocken schleudern. In einer Schüssel mit einer Prise **Salz** verkneten, bis er etwas geschmeidiger wird, dann mit ½ EL **Olivenöl** beträufeln und gründlich einmassieren. • **Karotten** schälen, mit dem Spiralschneider zu möglichst dünnen Spaghetti verarbeiten und diese in 4–5 cm lange Stücke schneiden. Alternativ mit dem Sparschäler dünne Bandnudeln abziehen. • Das restliche **Öl** in einer großen Pfanne erhitzen und die Karotten darin unter ständigem Rühren bei hoher Hitze 2–3 Minuten braten, bis sie noch sehr bissfest sind. **Salzen, pfeffern**, aus der Pfanne nehmen und abkühlen lassen. • **Mandelmus** mit 50 ml Wasser glatt rühren, **Zitronensaft** und **Zitronenschale** hinzufügen, **salzen** und **pfeffern**. Die Menge halbieren. Eine Hälfte mit **Kurkuma** verrühren, die andere mit **Spirulina-Pulver**. • Den Grünkohl auf zwei Teller verteilen und die Karottenspiralen daneben anrichten. Kurkuma-Dressing in Klecksen oder Streifen auf dem Grünkohl verteilen, das Spirulina-Dressing auf die Karotten träufeln. **Mandeln** grob hacken und darüberstreuen. Nach Belieben mit **Keimlingen** garnieren.

Flexitarisches Extra: krosse Bacon-Streifen

Zubereitungszeit 3 Minuten plus ca. 10 Minuten Backen

Den Backofen auf 200 °C Umluft vorheizen. **4 Streifen Bacon** (à 10 g) auf ein mit Backpapier ausgelegtes Backblech geben, andrücken und im vorgeheizten Ofen etwa 10 Minuten knusprig backen. Aus dem Ofen nehmen und auf Küchenpapier abtropfen lassen. Als ganze Scheiben auf den Salaten anrichten oder in Stücke brechen und darüberstreuen.

Blumenkohl-Kürbis-Salat mit Tahini-Dressing, Rucola, Microgreens und Pistazien

Zubereitungszeit 25 Minuten
plus Abkühlen
Für 2 Portionen

1 mittelgroßer Blumenkohl
(450 g Röschen)
1 Stück Hokkaido-Kürbis
(geputzt 200 g)
3 EL natives Olivenöl extra (30 ml)
Salz
schwarzer Pfeffer aus der Mühle
1 TL Delikatesspaprika
1 TL gemahlene Kurkuma
1 TL gemahlener Kreuzkümmel (Cumin)
70 g Rucola (geputzt 50 g)
40 g weißes Tahini (Sesammus)
100 g Haferjoghurt
1 EL Zitronensaft (10 ml)
2 TL abgeriebene Zitronenschale
1 Knoblauchzehe (geschält 5 g)
1 Prise Cayennepfeffer
20 g grüne Pistazienkerne
10 g rote Radieschen-Microgreens
(siehe Seite 114)

Nährwerte pro Portion
Veganes Basisrezept: 483 kcal
F 34 g, KH 28 g, B 12 g, EW 15 g
Flexitarisches Extra: 85 kcal
F 6 g, KH 0 g, B 0 g, EW 7 g

Veganes Basisrezept

Den Backofen auf 230 °C Ober-/Unterhitze vorheizen. Ein Backblech mit Backpapier auslegen. • **Blumenkohl** waschen, trocken tupfen und in 1 cm kleine Röschen teilen (zur Verwertung von Stielen und Strunk siehe Tipp). **Kürbis** entkernen, waschen und in 2 cm große Würfel schneiden. • Blumenkohl und Kürbis mit **Olivenöl,** etwas **Salz, Pfeffer** und **Gewürzen** gut vermengen, auf dem Backblech verteilen und im vorgeheizten Ofen (Mitte) 13–15 Minuten bissfest garen, dabei zwischendurch zweimal wenden. • Inzwischen **Rucola** waschen, trocken schleudern und auf zwei Schalen verteilen. **Tahini** und **Haferjoghurt** mit **Zitronensaft** und **Zitronenschale** glatt rühren. **Knoblauchzehe** schälen, fein hacken und untermischen. Mit **Salz, Pfeffer** und **Cayennepfeffer** abschmecken. • Das Blech aus dem Ofen nehmen und lauwarm abkühlen lassen. Gemüse auf dem Rucola anrichten und das Dressing in Klecksen darauf verteilen. **Pistazien** grob hacken, darüberstreuen und mit **Microgreens** garnieren.

Flexitarisches Extra: wachsweiche Eier

Zubereitungszeit 8 Minuten

2 Eier (Größe M) 5 Minuten wachsweich kochen, kalt abschrecken, vorsichtig schälen und halbieren. Mit **Salz** und **Pfeffer** würzen und auf die Salatportionen setzen.

TIPP Schnelle Rohkost: Blumenkohlstrunk und -stiele schälen, grob in Stücke schneiden und im Blitzhacker zu Reiskorngröße zerkleinern. Mit Zitronensaft, nativem Olivenöl extra, Salz und Pfeffer vermischen – fertig. Oder mit einem Dressing aus Tahini oder Nussmus verdünnt mit Wasser und Zitronensaft anmachen. Mit den fleischigen Rippen der Blumenkohl-Außenblätter funktioniert das ebenfalls gut. Auf die gleiche Weise lassen sich Strunk und Stiele von Brokkoli und Romanesco zu einer schnellen Rohkost verarbeiten.

Taboulé mit aktivierten Mandeln und Avocado

Zubereitungszeit 25 Minuten
plus Einweichen über Nacht
Für 1 Portion

1 Bund Minze (20 g Blätter)
1 großes Bund glatte Petersilie (40 g Blätter)
1 Bund Dill (20 g Dillspitzen)
3–4 dünne Frühlingszwiebeln (geputzt 50 g)
3 TL abgeriebene Zitronenschale
400 g Tomaten (entkernt 250 g)
Salz
grüner Pfeffer aus der Mühle
3 EL natives Olivenöl extra (30 ml)
30 g ungeschälte Mandelkerne, über Nacht eingeweicht (aktiviert; siehe Seite 59)
1 große Avocado (150 g Fruchtfleisch)
1 ½ EL Zitronensaft (15 ml)

Nährwerte pro Portion
Veganes Basisrezept: 439 kcal
F 41 g, KH 10 g, B 10 g, EW 8 g
Flexitarisches Extra: 135 kcal
F 12 g, KH 0 g, B 0 g, EW 8 g

Veganes Basisrezept

Kräuter abbrausen, Blätter beziehungsweise Spitzen abzupfen, gut trocken tupfen, nicht zu fein hacken und in eine Schüssel geben. **Frühlingszwiebeln** putzen, in dünne Ringe schneiden und mit der **Zitronenschale** untermischen. • **Tomaten** waschen, halbieren, Stielansätze wegschneiden, Tomaten entkernen und knapp 1 cm groß würfeln. **Salzen, pfeffern** und unter die Kräutermischung heben. Mit **Öl** beträufeln, alles locker mischen und in zwei Schalen füllen. **Mandeln** hacken, teils unterheben, teils darüberstreuen. • **Avocado** halbieren, entkernen, Fruchtfleisch aus der Schale lösen und in Spalten schneiden. **Salzen, pfeffern**, mit **Zitronensaft** beträufeln und auf den Taboulé-Portionen anrichten.

Flexitarisches Extra: Chili-Feta

Zubereitungszeit 5 Minuten

100 g Feta (aus Schafsmilch; 48 % Fett) zerbröseln, mit **2 Prisen Chiliflocken** mischen und über die Salate streuen.

Avocado-Gurken-Romana-Salat mit gebratenen Kirschtomaten

Zubereitungszeit 25 Minuten
Für 2 Portionen

2–3 Minigurken (125 g)
Salz
1–2 Mini-Romana (geputzt 100 g)
2–3 dünne Frühlingszwiebeln (geputzt ca. 30 g)
3–4 Stängel Minze (5 g Blätter)
1 große Avocado (150 g Fruchtfleisch)
3–4 Stängel Dill (10 g Dillspitzen)
4 TL Zitronensaft (20 ml)
grüner Pfeffer aus der Mühle
2 TL Dijonsenf (10 g)
2 ½ EL natives Olivenöl extra (25 ml)
1 TL abgeriebene Zitronenschale
2 kleine Rispen mit Kirschtomaten (à 100 g)
20 g grüne Pistazienkerne
1 kleine Handvoll rotblättrige Kresse (5 g; alternativ andere Microgreens, siehe Seite 114)

Nährwerte pro Portion
Veganes Basisrezept: 385 kcal
F 36 g, KH 8 g, B 8 g, EW 6 g
Flexitarisches Extra: 227 kcal
F 19 g, KH 0 g, B 0 g, EW 14 g

Veganes Basisrezept

Gurken waschen, 1–2 mm dünn hobeln, **salzen** und beiseitestellen. **Romana** waschen, trocken tupfen, längs vierteln, dann quer in Stücke schneiden. **Frühlingszwiebeln** putzen und in dünne Ringe schneiden. **Minzeblätter** abzupfen, waschen und trocken tupfen. **Avocado** halbieren, entkernen, Fruchtfleisch aus der Schale lösen, erst längs in Spalten, dann in Stücke schneiden und **salzen**. • Gesalzene Gurken abbrausen und trocken tupfen, dann mit Romana, Frühlingszwiebeln, Minze und Avocado locker mischen. • **Dill** waschen, trocken tupfen, die Hälfte der Dillspitzen hacken, den Rest beiseitestellen. • **Zitronensaft** mit etwas **Salz, Pfeffer** und **Senf** verrühren, 1 ½ EL **Öl** kräftig einrühren, dann gehackten Dill und **Zitronenschale** hinzugeben. Über den Salat träufeln, vorsichtig mischen und auf zwei Schalen verteilen. • Restliches **Öl** in einer Pfanne erhitzen. **Tomaten** an den Rispen lassen, abbrausen, vorsichtig trocken tupfen und im heißen Öl etwa 3 Minuten braten, bis sie weich und leicht gebräunt sind, dabei einmal vorsichtig wenden. **Salzen** und **pfeffern**. • Tomatenrispen auf den Salaten anrichten, mit Dillspitzen und **Pistazien** bestreuen und mit **Kresse** garnieren.

Flexitarisches Extra: gebratener Halloumi

Zubereitungszeit 8 Minuten

100 g Halloumi in 1 cm dicke Scheiben schneiden und trocken tupfen. **1 EL natives Olivenöl extra** in einer Pfanne oder Grillpfanne erhitzen und die Scheiben darin von jeder Seite etwa 2 Minuten goldbraun braten. Mit **Flockensalz** und **schwarzem Pfeffer aus der Mühle** würzen und auf dem Salat anrichten.

Rote-Bete-Zuckerschoten-Salat mit Aprikosen und Mandeldressing

Zubereitungszeit 30 Minuten
Für 2 Portionen

200 g Zuckerschoten (geputzt 175 g)
Salz
200 g Rote Beten (ca. 150 g Spiralen)
3 EL Apfelessig (30 ml; Gesundheitstipp siehe Seite 166)
2 TL weiße Misopaste (10 g)
schwarzer Pfeffer aus der Mühle
2 EL natives Olivenöl extra (20 ml)
½ kleines Bund glatte Petersilie (10 g Blätter)
100 g Aprikosen (alternativ 1 kleine Nektarine)
30 g weißes Mandelmus
50 g veganer Joghurt (z. B. Cashewjoghurt)
1 Prise Cayennepfeffer
20 g ungeschälte Mandelkerne (nach Belieben aktiviert; siehe Seite 59)

Außerdem
Spiralschneider

Nährwerte pro Portion
Veganes Basisrezept: 370 kcal
F 26 g, KH 23 g, B 6 g, EW 12 g
Flexitarisches Extra: 143 kcal
F 6 g, KH 0 g, B 0 g, EW 23 g

Veganes Basisrezept

Wasser in einem Topf zum Kochen bringen. Inzwischen die **Zuckerschoten** putzen, falls nötig, Fäden abziehen, waschen und schräg halbieren. Das kochende Wasser kräftig **salzen,** die Zuckerschoten darin 2 Minuten blanchieren, abgießen, eiskalt abschrecken und in sehr kaltem Wasser vollständig auskühlen lassen. Abgießen und trocken tupfen. • **Rote Beten** schälen und mit dem Spiralschneider zu möglichst dünnen Spiralen verarbeiten und in 5–7 cm lange Stücke schneiden. 2 EL **Apfelessig** mit **Misopaste** und etwas **Pfeffer** verrühren und beiseitestellen. • **Öl** in einer Pfanne erhitzen und die Rote-Bete-Spiralen darin 3 Minuten bissfest rührbraten. In eine Schüssel geben und abkühlen lassen. Den Bratensatz mit der Essig-Miso-Mischung lösen und über die Beten träufeln. • **Petersilie** abbrausen, trocken tupfen, einige Blätter ganz lassen, den Rest hacken. **Aprikosen** waschen, entsteinen und in Spalten schneiden. • Das **Mandelmus** und **Joghurt** mit restlichem **Apfelessig** glatt rühren, mit **Salz, Pfeffer** und **Cayennepfeffer** pikant abschmecken und gehackte Petersilie unter das Dressing mischen. • Die Zuckerschoten mit Rote-Bete-Spiralen und Aprikosen auf zwei Schalen verteilen und das Dressing in Klecksen daraufgeben. **Mandeln** grob hacken, mit Petersilie garnieren und servieren.

Flexitarisches Extra: Hähnchenfiletstücke

Zubereitungszeit 10 Minuten plus 30 Minuten Temperieren

200 g Hähnchenbrustfilet (ohne Haut, Fett und Sehnen entfernt) aus dem Kühlschrank nehmen und 30 Minuten bei Raumtemperatur stehen lassen. Das Filet trocken tupfen, in 2 cm dicke Scheiben und dann in 2 × 3 cm große Stücke schneiden und **salzen. 1 EL natives Olivenöl extra** in einer Pfanne erhitzen und die Fleischscheiben darin 4–5 Minuten braten – sie sollen außen goldbraun und innen saftig sein. **Pfeffern** und auf den Salatportionen anrichten.

Grüner Spargel mit Melone, Pinienkernen und Kräutern

Zubereitungszeit 35 Minuten
Für 2 Portionen

500 g grüner Spargel (geschält 375 g)
Salz
30 g Pinienkerne
1 Stück Cantaloupe-Melone oder Galia-Melone (200 g Fruchtfleisch)
1 Bund glatte Petersilie (20 g Blätter)
½ Bund Dill (15 g Dillspitzen)
½ rote Chilischote (geputzt 10 g)
2 TL abgeriebene Zitronenschale
2 TL Dijonsenf (10 g)
1 ½ EL Balsamico-Essig (15 ml)
schwarzer Pfeffer aus der Mühle
3 EL natives Olivenöl extra (30 ml)

Nährwerte pro Portion
Veganes Basisrezept: 335 kcal
F 26 g, KH 19 g, B 4 g, EW 8 g
Flexitarisches Extra: 182 kcal
F 10 g, KH 0 g, B 0 g, EW 22 g

Veganes Basisrezept

Spargel im unteren Drittel schälen, holzige Teile entfernen, waschen, in 2 cm lange Stücke schneiden und die Spargelspitzen zunächst beiseitelegen. Zuerst die dickeren Stücke in einen Dämpfkorb geben und über kochendem Wasser 1 Minute dämpfen. Dann die restlichen Stücke hinzufügen und 1 Minute mitdämpfen. Zum Schluss die Spargelspitzen dazugeben und je nach Spargeldicke noch 1–3 Minuten bissfest dämpfen. Dann eiskalt abschrecken, abgießen, trocken tupfen und **salzen**. • **Pinienkerne** in einer Pfanne ohne Fettzugabe goldbraun rösten und abkühlen lassen. • **Melone** entkernen, in Spalten schneiden, die Schale entfernen, dann quer in Stücke schneiden. **Kräuter** abbrausen, trocken tupfen und grob hacken. **Chilischote** waschen und in dünne Ringe schneiden, die Kerne dabei entfernen. • Spargel und Melone mit Kräutern und 1 TL **Zitronenschale** in einer Schüssel locker vermengen. • **Senf** und **Essig** mit etwas **Salz** und **Pfeffer** verrühren, dann das **Öl** kräftig einrühren. • Das Dressing über den Salat träufeln, gut mischen und auf zwei Teller verteilen. Mit Pinienkernen, Chiliringen und restlicher Zitronenschale bestreuen.

Flexitarisches Extra: Rindfleisch-Tataki

Zubereitungszeit ca. 10 Minuten plus 60 Minuten Temperieren

1 Rinderhüftsteak (200 g, etwa 2 cm dick) 60 Minuten vorher aus dem Kühlschrank nehmen und Raumtemperatur annehmen lassen. **1 EL Erdnussöl** in einer Pfanne stark erhitzen. Das Fleisch trocken tupfen, **salzen** und von jeder Seite 1 ½ bis maximal 2 Minuten scharf anbraten. Herausnehmen, auf einen Teller legen, mit einem zweiten Teller abdecken und 3 Minuten ruhen lassen. Dann in knapp 5 mm dünne Scheiben schneiden. Ausgetretenen Fleischsaft über die Salate träufeln, die Fleischscheiben auf den Salaten anrichten und **pfeffern**.

Reisnudelsalat mit Algen, Karotte, Avocado und Frühlingszwiebeln

Zubereitungszeit 35 Minuten
Für 2 Portionen

10 g getrocknete Algen (z. B. Dulse- oder Wakame-Algen oder Meeresspaghetti)
75 g dünne Reisnudeln
Salz
1 große gerade Karotte (100 g Karottenstreifen)
2 EL natives Olivenöl extra (20 ml)
3 EL Tamari (glutenfreie Sojasauce, 30 ml)
2 EL Limettensaft (20 ml)
2 TL abgeriebene Limettenschale
2 TL weiße Misopaste (10 g)
1–2 TL Sambal Oelek
2 Frühlingszwiebeln (geputzt 30 g)
2 Minigurken (70 g)
1 Bund Koriandergrün (20 g Blätter und zarte Stiele)
1 kleine Avocado (100 g Fruchtfleisch)
20 g ungeschälte oder geschälte Sesamsaat

Nährwerte pro Portion
Veganes Basisrezept: 450 kcal
F 28 g, KH 41 g, B 10 g, EW 9 g
Flexitarisches Extra: 66 kcal
F 1 g, KH 0 g, B 0 g, EW 14 g

Veganes Basisrezept

Die **Algen** 15 Minuten in kaltem Wasser einweichen, dann abbrausen und trocken tupfen. • Inzwischen **Reisnudeln** in kochendem **Salzwasser** 4 Minuten oder nach Packungsangaben kochen. Abgießen, eiskalt abschrecken und trocken tupfen. • **Karotte** schälen und mit einem Julienneschneider dünne Streifen abziehen (alternativ hobeln oder mit dem Sparschäler dünne, schmale Streifen abziehen). **Öl** in einer Pfanne erhitzen und die Karottenjulienne darin je nach Dicke 1 ½–2 Minuten bissfest rührbraten. Mit **Salz** würzen und zu den Reisnudeln geben. • Das in der Pfanne verbliebene Öl mit **Tamari,** 1 EL **Limettensaft, Limettenschale, Misopaste** und **Sambal Oelek** verrühren, über die Nudelmischung gießen und gut vermengen. • **Frühlingszwiebeln** putzen, quer dritteln, dann längs in dünne Streifen schneiden. **Gurken** waschen, ungeschält längs in dünne Scheiben und diese in Streifen schneiden. Beides mit den Algen unter den Salat heben. **Koriandergrün** abbrausen, trocken tupfen, hacken und die Hälfte davon untermischen. • **Avocado** halbieren, entkernen, Fruchtfleisch aus der Schale lösen, in dünne Spalten schneiden und fächerförmig auf dem Salat anrichten. Mit übrigem **Limettensaft** beträufeln, **salzen** und **pfeffern**. • **Sesam** in einer Pfanne ohne Fettzugabe goldgelb rösten und mit restlichem **Koriandergrün** über den Salat streuen.

Flexitarisches Extra: Garnelen

Zubereitungszeit 3 Minuten

150 g gegarte Garnelen mit **1 TL Limettensaft** beträufeln, mit **grünem Pfeffer aus der Mühle** würzen und auf den Salaten verteilen.

Salat aus Süßkartoffeln und Roten Beten mit Feta und Granatapfel

Zubereitungszeit 35 Minuten
Für 2 Portionen

50 g schwarze Quinoa (Gesundheitstipp siehe Seite 61)
Salz
1 kleine Süßkartoffel (geschält 150 g)
schwarzer Pfeffer aus der Mühle
4 EL natives Olivenöl extra (40 ml)
50 g Feldsalat
125 g ofengegarte Rote Beten (siehe Seite 65; alternativ vakuumverpackt)
½ Granatapfel (75 g Fruchtkerne)
75 g veganer Feta
1 ½ EL weißer Balsamico-Essig (15 ml)
1 TL Dijonsenf (5 g)

Nährwerte pro Portion 490 kcal
F 30 g, KH 49 g, B 6 g, EW 7 g

Quinoa nach Packungsangaben in **Salzwasser** garen (etwa 15 Minuten köcheln und 10 Minuten ausquellen lassen). Dann ausdampfen und lauwarm abkühlen lassen. • Währenddessen den Backofen auf 180 °C Ober-/Unterhitze vorheizen. • **Süßkartoffel** schälen und in knapp 1 cm große Würfel schneiden. In eine kleine Auflaufform geben, **salzen, pfeffern,** mit 1 EL **Öl** vermengen und im vorgeheizten Ofen 18–20 Minuten backen. Herausnehmen und lauwarm abkühlen lassen. • Inzwischen **Feldsalat** waschen, trocken schleudern und auf zwei Schalen verteilen. **Rote Beten** 1 cm groß würfeln und mit Süßkartoffeln und Quinoa auf dem Feldsalat anrichten. • Fruchtkerne aus dem **Granatapfel** lösen. Den **Feta** zerbröseln. • **Essig, Senf,** etwas **Salz** und **Pfeffer** verrühren, dann das restliche **Öl** kräftig einrühren und das Dressing über die Salatportionen träufeln. Mit Granatapfelkernen und Feta bestreuen.

DOC FLECKS GESUNDHEITSTIPP

Zahlreiche Studien der vergangenen Jahre zum **Granatapfel** zeigen, dass ein ganzes Spektrum an Polyphenolen im Granatapfelsaft über eine enorme antioxidative Kraft verfügt, die sogar Trauben- oder Blaubeersaft um ein Vielfaches übersteigt. Damit ist er positiv wirksam bei Problemen der Leber, des Herz-Kreislauf-Systems, der Verdauungsorgane oder bei Übergewicht. Gerade im Winter, wenn Granatäpfel Saison haben, sollte man sie regelmäßig konsumieren, entweder die ausgelösten Kerne oder ausgepresst als Saft.

Champignons auf Schwarzkohlsalat mit Topinambur, Pistazien und Mandel-Dip

Zubereitungszeit 35 Minuten
Für 2 Portionen

200 g Schwarzkohl (geputzt 100 g; alternativ Grünkohl)
Salz
2 EL natives Olivenöl extra (20 ml)
3 ½ TL Zitronensaft (17,5 ml)
schwarzer Pfeffer aus der Mühle
150 g möglichst große Topinamburen (geschält 100 g)
2–3 Stängel glatte Petersilie (5 g Blätter)
250 g kleine braune Champignons (geputzt 200 g)
Flockensalz
40 g weißes Mandelmus
¼ TL gemahlene Kurkuma
1 TL abgeriebene Zitronenschale
1 Prise Cayennepfeffer
20 g grüne Pistazienkerne

Nährwerte pro Portion
Veganes Basisrezept: 320 kcal
F 27 g, KH 6 g, B 12 g, EW 13 g
Flexitarisches Extra: 142 kcal
F 8 g, KH 0 g, B 0 g, EW 17 g

Veganes Basisrezept

Schwarzkohl von den Blattrippen befreien, in mundgerechte Stücke zerzupfen, waschen und trocken schleudern. Mit einer Prise **Salz** bestreuen und 1 Minute kräftig durchkneten. Dann ½ EL **Öl** darüberträufeln und 1 Minute einmassieren. Mit 1 TL **Zitronensaft** und **Pfeffer** würzen und auf zwei Schalen verteilen. • **Topinamburen** schälen, abbrausen und zu Juliennestreifen verarbeiten (alternativ dünn hobeln). Sofort mit 1 ½ TL **Zitronensaft** mischen, damit sie sich nicht verfärben, **salzen** und **pfeffern**. Die **Petersilie** abbrausen, trocken tupfen, fein hacken, untermischen und dann neben dem Schwarzkohlsalat anrichten. • **Champignons** säubern, die Stiele entfernen, die Kappen ganz lassen. Restliches **Öl** in einer Pfanne erhitzen und die Pilzkappen darin bei gut mittlerer Hitze 4–5 Minuten braten, dabei öfter wenden. Erst zum Schluss mit **Flockensalz** bestreuen. • Inzwischen **Mandelmus** mit **Kurkuma,** restlichem **Zitronensaft, Zitronenschale** und 40 ml Wasser glatt rühren. Das Dressing mit **Salz, Pfeffer** und **Cayennepfeffer** würzen. • Die Pilze neben den Salatportionen anrichten und das Dressing in Klecksen oder Streifen darauf verteilen. Die **Pistazien** grob hacken und darüberstreuen.

Flexitarisches Extra: Steakstreifen

Zubereitungszeit 10 Minuten plus 30 Minuten Temperieren und 3–4 Minuten Ruhen

150 g Rumpsteak 30 Minuten Raumtemperatur annehmen lassen. Mit Küchenpapier trocken tupfen. **1 EL natives Olivenöl extra** in einer Pfanne erhitzen und das Fleisch darin bei starker Hitze auf jeder Seite 1–2 Minuten scharf braten, sodass es innen noch rosa bleibt. In Alufolie wickeln und 3–4 Minuten ruhen lassen. Quer in dünne Streifen schneiden, mit etwas **Flockensalz** bestreuen und auf den Salatportionen anrichten.

Kürbisbulgur mit Austernpilzen, Rucola und Mandel-Knoblauch-Dressing

Zubereitungszeit 35 Minuten
plus evtl. Abkühlen
Für 2 Portionen

200 g kleine Austernpilze (geputzt 160 g)
1 Stück Butternut-Kürbis (geschält, entkernt 175 g)
3–4 Frühlingszwiebeln (geputzt 60 g)
1 größeres Bund glatte Petersilie (30 g Blätter)
40 g Rucola (geputzt 30 g)
40 g weißes Mandelmus
50 ml Gemüsebrühe
2 Knoblauchzehen (geschält 10 g)
Salz
schwarzer Pfeffer aus der Mühle
2 ½ EL natives Olivenöl extra (25 ml)
1 EL Zitronensaft (10 ml)

Nährwerte pro Portion
Veganes Basisrezept: 311 kcal
F 25 g, KH 13 g, B 10 g, EW 9 g
Flexitarisches Extra: 204 kcal
F 13 g, KH 1 g, B 0 g, EW 21 g

Veganes Basisrezept

Austernpilze putzen, zähe Stiele entfernen und die Kappen in Streifen reißen. **Kürbis** schälen, entkernen, grob in Stücke schneiden und im Blitzhacker zu Bulgurgröße hacken. • **Frühlingszwiebeln** putzen, weiße Teile hacken, grüne in schmale Ringe schneiden. **Petersilie** abbrausen, trocken tupfen und die Blätter im Blitzhacker nicht zu fein hacken. **Rucola** waschen und trocken schleudern. • **Mandelmus** und **Brühe** glatt rühren. **Knoblauchzehen** schälen, sehr fein hacken und untermischen. Das Dressing mit **Salz** und **Pfeffer** würzen. • 1 EL **Olivenöl** in einer Pfanne erhitzen und die Pilze darin bei hoher Hitze unter gelegentlichem Rühren 4–5 Minuten goldbraun braten. **Salzen** und **pfeffern**. • Parallel dazu in einer zweiten Pfanne den Kürbis im restlichen **Öl** 1 Minute rührbraten, gehacktes Frühlingszwiebelweiß hinzugeben und 1 weitere Minute rührbraten – der Kürbis soll bissfest sein. **Salzen, pfeffern** und mit **Zitronensaft** abschmecken. • Pilze und Kürbisbulgur mischen, nach Belieben lauwarm abkühlen lassen, dann Frühlingszwiebelgrün und Petersilie unterheben. • Rucola auf zwei Tellern verteilen, die Kürbis-Pilz-Mischung darauf anrichten und mit dem Dressing beträufeln.

Flexitarisches Extra: Lammlachsstücke

Zubereitungszeit 15 Minuten plus 10 Minuten Backen

Den Backofen auf 130 °C Ober-/Unterhitze vorheizen. **1 EL natives Olivenöl extra** in einer Pfanne erhitzen. **1 Knoblauchzehe** ungeschält andrücken und mit **1 Zweig Rosmarin** dazugeben. **200 g Lammlachs** (küchenfertig pariert) trocken tupfen, **salzen** und **pfeffern** und im heißen Öl 2–3 Minuten von allen Seiten kräftig anbraten. Herausnehmen, in Alufolie wickeln und 10 Minuten im vorgeheizten Ofen (Mitte) nachgaren. Den Bratensatz mit 3 TL Wasser lösen und beiseitestellen, Knoblauch und Rosmarin entfernen. Das Fleisch aus dem Ofen nehmen und noch kurz ruhen lassen. Den gelösten Bratensatz und Fleischsaft, der sich in der Folie gesammelt hat, auf den Kürbisbulgur träufeln. Das Fleisch in Stücke schneiden und daneben anrichten.

EXKURS Pilze

Pilze sind eine ganz eigene Gattung in der Pflanzenwelt, dennoch werden sie wie Gemüse oder zusammen mit anderem Gemüse verwendet. Sie haben wenige Kalorien, machen aber dennoch sehr satt, liefern Ballaststoffe und wertvolles pflanzliches Eiweiß.

Pilze haben viele gesunde Eigenschaften: Sie enthalten immunstärkende Antioxidantien und liefern viele B-Vitamine, Kupfer, blutdruckregulierendes Kalium und das zellschützende Selen. Durch ihre entzündungshemmenden und antioxidativ wirkenden Bestandteile schützen sie die Blutgefäße und senken das Gesamtcholesterin. Besonders Shiitakepilze enthalten viel Eritadenin, das die Fließeigenschaften des Blutes verbessert und vor Gefäßablagerungen (Arteriosklerose) schützt. Zudem enthalten Pilze Stoffe, die vor Bakterien und Viren schützen und das Immunsystem stärken. Einige Studien zeigten, dass die in Pilzen enthaltenen Phytochemikalien wie Lentinan auch wirksam gegen Brustkrebs sein können.

Pilze kann man roh oder gebraten genießen. Sie sind eine große kulinarische Bereicherung, besonders in der veganen Küche, da sie geschmacklich durchaus an Fleisch herankommen, denn durch die wichtige enthaltene Glutaminsäure sind sie umami, also herzhaft, würzig, mit pikanter Note und durchaus vergleichbar mit Fleisch, Käse oder getrockneten Tomaten. Köstlich sind getrocknete Shiitake- und Steinpilze, die fein gemahlen ein wunderbares Würzpulver ergeben. Pilzpulver ist eine großartige Zutat, mit der sich jedes Pilzgericht zusätzlich geschmacklich aufpeppen lässt.

Wildpilze wie Maronen, Pfifferlinge und Steinpilze punkten durch ein intensives Aroma. Allerdings speichern sie als „Fleisch des Waldes" etwas Schwermetalle wie Quecksilber und Cadmium. Diese Nachteile vermeidet man, indem man zur Abwechslung öfter zu Zuchtpilzen greift. Diese haben in der Küche außerdem einen ganz praktischen Vorteil: Weil sie meist auf Substraten, Holz, Stroh oder Ähnlichem und nicht auf Walderde wachsen, sind sie einfach und schnell zu putzen. Grundsätzlich putzt man sie trocken, denn wie Schwämme saugen sie sich beim Waschen mit Wasser voll und verlieren Konsistenz und Geschmack.

Deshalb werden sie nur abgebürstet oder mit Küchenpapier abgerieben. Reste von Substrat oder Erde und kleine beschädigte Stellen werden einfach weggeschnitten. Bei Austern- und Shiitakepilzen werden dazu die zähen Stiele weggeschnitten oder herausgedreht. Solange Champignons noch fest und geschlossen sind, werden die Stiele nur etwas gekürzt. Bei weiter geöffneten Champignons werden die Stiele herausgebrochen. Quasi ohne Putzen kommen Kräuterseitlinge aus. Am besten kauft man Pilze in Bioqualität. Sie werden nicht künstlich gedüngt, schmecken deutlich aromatischer und enthalten weniger Wasser.

Bevor sie in den Kühlschrank gelegt werden, muss eine mögliche Folienumhüllung entfernt werden, damit sie nicht „schwitzen" und damit feucht und schlecht werden. Am besten gibt man sie locker in eine Papiertüte und verarbeitet sie zeitnah.

Vorhang auf für die Sorten, die Sie in den meisten Supermärkten finden:

CHAMPIGNONS

Es gibt die milderen weißen Champignons und die braunen, die etwas fester und intensiver und nussiger im Geschmack sind. Champignons sind besonders gut zum Rohessen geeignet. Sie saugen beim Braten mehr Fett auf als andere Sorten, weshalb man sie zunächst 2–3 Minuten bei starker Hitze

unter Rühren fettfrei anbrät, bis etwas Flüssigkeit erscheint. Dann noch kurz weiterbraten und erst dann eine kleine Menge Öl zugeben. Salz wird grundsätzlich erst am Ende zugegeben, weil die Pilze sonst Wasser ziehen und zäh werden.
Nährwerte pro 100 g: 19 kcal, 0 g F, 3 g E, <1 g KH, 2 g B

AUSTERNPILZE

Austernpilze schmecken besonders mild und fein. Man kann sie auch roh essen, aber gebraten entwickeln sie deutlich mehr Geschmack. Nach dem Entfernen des zähen Stiels werden die Kappen vom Rand her in Streifen gerissen. So werden die zarten Lamellen nicht zerkrümelt. Anders als Champignons kann man sie 4–5 Minuten direkt in wenig heißem Öl rührbraten. Oder man dünstet zunächst Schalotten glasig an, nimmt sie aus der Pfanne und brät die Austernpilze bei starker Hitze im verbliebenen Öl und gibt die Schalotten am Schluss wieder dazu. Größere Exemplare kann man auch panieren und als „Schnitzel" servieren.
Nährwerte pro 100 g: 11 kcal, 0 g F, 2 g E, 0 g KH, 6 g B

KRÄUTERSEITLINGE

Sie schmecken intensiver als Champignons, aber weniger aromatisch als Steinpilze, an die sie optisch erinnern. Ihr Vorteil gegenüber Steinpilzen: Als Zuchtpilze sind sie ganzjährig zu bekommen und im Preis deutlich günstiger. Sie werden vorzugsweise in Scheiben geschnitten und bei starker Hitze gebraten, zum Beispiel in einer Grillpfanne. Sie können zwar roh gegessen werden, liegen vielen Menschen aber schwer im Magen.
Nährwerte pro 100 g: 33 kcal, 0 g F, 4 g E, 3 g KH, 6 g B

SHIITAKEPILZE

Mit der asiatischen Küche kam der Shiitakepilz zu uns und wird mittlerweile in vielen Betrieben gezüchtet. Unter den Zuchtpilzen ist er besonders nährstoffreich, so enthält er sieben von acht essenziellen Aminosäuren, die wir sonst nur mit tierischen Produkten zu uns nehmen. In der Traditionellen Chinesischen Medizin wird er wegen seiner Wirksamkeit gegen Entzündungen, Kopfschmerzen und Magenprobleme verwendet. Wir schätzen ihn besonders wegen seines würzig-aromatischen Geschmacks. Er kann ohne Bedenken roh gegessen werden, der zähe Stiel sollte aber besser entfernt werden.

Apropos „zäh": Wenn Sie Pilze bisher nicht so gut vertragen haben, hinterfragen Sie bitte Ihre Kaugewohnheiten. Nicht selten liegt es einfach daran, dass man zu schlecht kaut.
Nährwerte pro 100 g: 43 kcal, 0 g F, 2 g E, 12 g KH, 3 g B

Süßkartoffel-Falafeln auf Blattsalaten mit Orangenfilets und Orangen-Tahini-Dressing

Zubereitungszeit 45 Minuten
plus ca. 20 Minuten Abkühlen
und 30 Minuten Backen
Für 2 Portionen

Für die Falafeln
½ rote Zwiebel (geschält 25 g)
1 Knoblauchzehe (geschält 5 g)
1 kleine Süßkartoffel (geschält 125 g)
1 EL natives Olivenöl extra (10 ml)
75 ml Gemüsebrühe
10 g Chiasamen (möglichst weiße)
15 g goldene Leinsamen, frisch gemahlen
Salz
schwarzer Pfeffer aus der Mühle
2–3 Stängel glatte Petersilie (5 g Blätter)
25 g geschälte Sesamsaat

Für das Dressing
1 kleine Orange (100 g Fruchtfleisch)
50–60 ml Orangensaft
40 g weißes Tahini (Sesammus)
Salz
schwarzer Pfeffer aus der Mühle
1 Prise Cayennepfeffer

Für den Salat
60 g gemischte Babyleaves (geputzt 40 g; alternativ Mangoldblätter oder Babyspinat)
2–3 Stängel glatte Petersilie (5 g Blätter)
3–4 Stängel Minze (5 g Blätter)
½ rote Zwiebel (geschält 25 g)
20 g Rotkohl (nach Belieben; alternativ 10 g Rotkohl-Microgreens, siehe Seite 114)

Nährwerte pro Portion 408 kcal
F 26 g, KH 26 g, B 12 g, EW 13 g

Für die Falafeln **Zwiebel** und **Knoblauchzehe** schälen und fein hacken. **Süßkartoffel** schälen, grob in Stücke schneiden und im Blitzhacker zu grobkörnigem „Grieß" zerkleinern. • **Öl** in einem Topf erhitzen, Zwiebeln darin andünsten, dann Knoblauch kurz mitdünsten. Süßkartoffeln hinzugeben und 2 Minuten rührbraten. **Gemüsebrühe** angießen, **Chia-** und **Leinsamen** einrühren, **salzen** und **pfeffern**. In eine Schüssel füllen und etwa 20 Minuten abkühlen und quellen lassen. • Den Backofen auf 180 °C Ober-/Unterhitze vorheizen. Ein Backblech mit Backpapier auslegen. • **Petersilie** abbrausen, trocken tupfen, fein hacken und unter die Süßkartoffelmasse mischen. Dann zu zehn gleich großen Bällchen formen, im **Sesam** rollen, auf das Backblech legen und etwas flach drücken. Im vorgeheizten Ofen (Mitte) 15 Minuten backen, dann wenden und weitere 15 Minuten backen. • Inzwischen für das Dressing **Orange** heiß waschen, trocken tupfen und die Schale abreiben. Anschließend so schälen, dass die weiße Haut vollständig entfernt wird. Die Orangenfilets aus den Trennwänden herausschneiden und beiseitelegen. Die Trennwände kräftig ausdrücken und so viel **Orangensaft** zugießen, dass es 70 ml ergibt. **Tahini** mit dem Saft glatt rühren, die Orangenschale einrühren und mit **Salz, Pfeffer** und **Cayennepfeffer** würzen. • Für den Salat die **Babyleaves** waschen und trocken schleudern. **Petersilie** und **Minze** abbrausen, die Blätter abzupfen und ebenfalls trocken schleudern. Salat und Kräuter mischen. **Zwiebel** schälen und in dünne Streifen schneiden. Nach Belieben **Rotkohl** hauchdünn hobeln. • Salat-Kräuter-Mischung auf zwei große Bowls verteilen und mit dem Dressing beträufeln. Orangenfilets darauf verteilen, daneben die Falafeln anrichten und mit Zwiebel- und Rotkohlstreifen garnieren.

Bowl mit Rosenkohl, Süßkartoffel-Wedges, Champignons und Roten Beten

Zubereitungszeit 45 Minuten
Für 2 Portionen

Für das Gemüse
300 g Rosenkohl (geputzt 220 g)
1 kleine Süßkartoffel (geschält 150 g)
2 Knoblauchzehen (geschält 10 g)
4 EL natives Olivenöl extra (40 ml)
Salz
schwarzer Pfeffer aus der Mühle
1 Prise Chiliflocken
20 g Sonnenblumenkerne
1 kleiner Radicchio (50 g)
1–2 vakuumverpackte gegarte Rote Beten (100 g)
1 TL Limettensaft (5 ml)
1 große Karotte (geschält 100 g)
250 g braune Champignons (geputzt 200 g)
1 Handvoll Grünkohl-Microgreens (10 g; alternativ Brokkoli-Microgreens, siehe Seite 114)

Für das Dressing
30 g helles Tahini (Sesammus)
1 TL Tamari (glutenfreie Sojasauce)
1 TL Sambal Oelek
50 g Cashewjoghurt
1 EL Limettensaft (10 ml)
1 TL abgeriebene Limettenschale
Salz
schwarzer Pfeffer aus der Mühle

Außerdem
Spiralschneider oder Juliennehobel

Nährwerte pro Portion
Veganes Basisrezept: 470 kcal
F 30 g, KH 32 g, B 14 g, EW 18 g
Flexitarisches Extra: 74 kcal
F 1 g, KH 0 g, B 0 g, EW 15 g

Veganes Basisrezept

Den Backofen auf 200 °C Ober-/Unterhitze vorheizen. • Für das Gemüse **Rosenkohl** putzen und halbieren. **Süßkartoffel** schälen und in Spalten schneiden. **Knoblauchzehen** schälen und fein hacken. Rosenkohl und Süßkartoffeln in eine Auflaufform geben, mit 2 EL **Öl** mischen, **salzen** und **pfeffern**, dann mit Knoblauch und **Chiliflocken** bestreuen. Im vorgeheizten Ofen etwa 20 Minuten backen, dabei zwischendurch zweimal umrühren. Herausnehmen und etwas abkühlen lassen. • Inzwischen **Sonnenblumenkerne** ohne Fettzugabe goldgelb rösten, abkühlen lassen und beiseitestellen. • **Radicchio** waschen, trocken tupfen, in Streifen schneiden und zwei Bowls damit auslegen. **Rote Beten** in dünne Scheiben schneiden, mit **Limettensaft** beträufeln, **salzen** und **pfeffern**. **Karotte** schälen und mit dem Spiralschneider zu dünnen Spiralen verarbeiten (alternativ zu Juliennestreifen hobeln). • **Champignons** säubern, Stiele entfernen und die Kappen in 1 cm dicke Scheiben schneiden. In einer Pfanne zunächst ohne Fettzugabe 3 Minuten rührbraten, dann das restliche **Öl** dazugeben und noch 1–2 Minuten braten. **Salzen** und **pfeffern** und etwas abkühlen lassen. • Für das Dressing **Tahini** mit **Tamari, Sambal Oelek, Cashewjoghurt** und **Limettensaft** verrühren. Eventuell etwas Wasser hinzugeben, die Konsistenz soll aber dicklich sein. Mit **Limettenschale, Salz** und **Pfeffer** würzen. • Süßkartoffel und Rosenkohl mit Roten Beten, Karotte und Champignons in den Bowls anrichten, das Dressing in Streifen darauf verteilen, mit Sonnenblumenkernen bestreuen und mit **Microgreens** garnieren.

Flexitarisches Extra: Bündnerfleisch

Zubereitungszeit 3 Minuten

Hauchdünn geschnittene Scheiben von **80 g Bündnerfleisch** locker aufrollen und auf den Bowls anrichten.

Bowl mit Brokkoli-Topinambur-Reis, Shiitakepilzen und Pistazien

Zubereitungszeit 30 Minuten
Für 1 Portion

1 Mini-Romanasalat (geputzt 70 g)
1 Brokkolistiel (geschält 100 g)
125 g Topinamburen (geschält 90 g)
3–4 Stängel glatte Petersilie
(10 g zarte Stiele und Blätter)
100 g Shiitakepilze (geputzt 80 g)
½ rote oder gelbe Chilischote
(geputzt 10 g)
1 ½ EL natives Olivenöl extra (15 ml)
Salz
schwarzer Pfeffer aus der Mühle
1 EL Zitronensaft (10 ml)
1 TL abgeriebene Zitronenschale
1 EL Tamari
(glutenfreie Sojasauce; 10 ml)
½ kleine Avocado (50 g Fruchtfleisch)
10 g grüne Pistazienkerne
10 g Sprossen (z. B. Radieschen- oder Erbsensprossen)

Nährwerte pro Portion
Veganes Basisrezept: 421 kcal
F 33 g, KH 21 g, B 24 g, EW 13 g
Flexitarisches Extra: 195 kcal
F 18 g, KH 1 g, B 0 g, EW 9 g

Veganes Basisrezept

Romanasalat waschen, trocken tupfen, quer in Streifen schneiden und in zwei Bowls füllen. • **Brokkolistiel** schälen, **Topinamburen** grob in Stücke schneiden und beides im Blitzhacker zu Reiskorngröße zerkleinern. • **Petersilie** abbrausen, trocken tupfen und hacken. **Pilze** säubern, Stiele entfernen, die Kappen je nach Größe halbieren, vierteln oder ganz lassen. **Chilischote** entkernen, abbrausen und in dünne Streifen schneiden. • 1 EL **Öl** in einer Pfanne erhitzen und den Brokkoli-Topinambur-Reis darin knapp 3 Minuten bissfest rührbraten. **Salzen, pfeffern** und mit 1 TL **Zitronensaft** und **Zitronenschale** würzen. Die Hälfte der Petersilie unterheben und auf dem Romana anrichten. • Restliches **Öl** in der gleichen Pfanne erhitzen, die Pilze darin 3–4 Minuten braten, dann mit **Tamari** ablöschen und auf den Gemüsereis geben. • **Avocado** entkernen, das Fruchtfleisch aus der Schale lösen und in Spalten schneiden. **Salzen, pfeffern** und mit restlichem **Zitronensaft** beträufeln. Ebenfalls auf dem Reis anrichten, mit übriger **Petersilie,** Chili und **Pistazien** bestreuen und die Bowls mit **Sprossen** garnieren.

Flexitarisches Extra: Büffelmozzarella

Zubereitungszeit 5 Minuten

1 Pck. Mini-Büffelmozzarella-Kugeln (125 g Abtropfgewicht) abgießen, trocken tupfen und halbieren. Mit **1 TL nativem Olivenöl extra** beträufeln, **salzen, pfeffern** und auf den Bowls verteilen.

Bowl mit schwarzem Reis, Zucchini, Shiitakepilzen und Chili-Aprikosen-Salsa

Zubereitungszeit 55 Minuten
Für 2 Portionen

Für die Bowl-Basis
50 g schwarzer Reis
Salz
100 g TK-Edamame
200 g schmale, feste Zucchini
2 EL natives Olivenöl extra (20 ml)
grüner Pfeffer aus der Mühle
1 TL Limettensaft (5 ml)
150 g große Shiitakepilze (geputzt 120 g)
½ kleines Bund Koriandergrün (7 g Blätter und zarte Stiele)
½ kleine Avocado (50 g Fruchtfleisch)

Für die Salsa
½–1 rote Chilischote (geputzt 10–15 g)
150 g Aprikosen (alternativ 1 Pfirsich)
2 dünne Frühlingszwiebeln (geputzt 30 g)
½ kleines Bund Koriandergrün (7 g Blätter und zarte Stiele)
Salz
grüner Pfeffer aus der Mühle
1 TL Limettensaft (5 ml)
1 TL abgeriebene Limettenschale

Für das Dressing
1 EL Limettensaft (10 ml)
2 TL weiße Misopaste (10 g)
1 EL geröstetes Sesamöl (10 ml)

Nährwerte pro Portion
Veganes Basisrezept: 436 kcal
F 24 g, KH 43 g, B 9 g, EW 14 g
Flexitarisches Extra: 141 kcal
F 8 g, KH 1 g, B 1 g, EW 17 g

Veganes Basisrezept

Für die Bowl-Basis den **Reis** nach Packungsangaben in **Salzwasser** garen. **Edamame** nach Packungsangaben zubereiten, abgießen und eiskalt abschrecken. • Inzwischen für die Salsa die **Chilischote** entkernen, abbrausen und fein würfeln. **Aprikosen** waschen, entsteinen und 5 mm groß würfeln. **Frühlingszwiebeln** putzen und in dünne Ringe schneiden. **Koriander** abbrausen, trocken tupfen und hacken. Chili, Aprikosen, Frühlingszwiebeln und gehackten Koriander mischen, mit **Salz, Pfeffer, Limettensaft** und **Limettenschale** abschmecken. Beiseitestellen. • **Zucchini** waschen und in 5 mm dicke Scheiben schneiden. 1 EL **Öl** in einer Pfanne erhitzen und die Zucchini darin 3 Minuten bissfest rührbraten. **Salzen, pfeffern**, mit **Limettensaft** beträufeln und etwas abkühlen lassen. • Zwischendurch **Shiitakepilze** säubern, Stiele entfernen und die Kappen in Streifen schneiden. Restliches **Öl** in der gleichen Pfanne erhitzen, die Pilze darin 1 Minute scharf anbraten. Dann 3–4 Minuten bei gut mittlerer Hitze unter häufigem Wenden fertig braten. **Salzen, pfeffern** und herausnehmen. • Den **Koriander** abbrausen, trocken tupfen, zwei Stängel beiseitelegen, den Rest hacken und unter die Zucchini mischen. • Für das Dressing **Limettensaft, Misopaste** und 1 ½ EL Wasser verrühren, den Bratensatz in der Pfanne damit lösen und **Sesamöl** unterrühren. • Reis, Edamame und Zucchini in zwei Bowls geben, darauf Pilze und Salsa verteilen. Das Dressing über Reis und Pilze träufeln. • **Avocado** entkernen, das Fruchtfleisch aus der Schale lösen, in Spalten schneiden und auf den Bowls anrichten. Mit Koriander garnieren.

Flexitarisches Extra: Tatarbällchen

Zubereitungszeit 15 Minuten

150 g Beefsteakhack mit **15 g Tomatenmark** und **2 TL weißer Misopaste** (10 g) verkneten, mit **Salz** und **schwarzem Pfeffer aus der Mühle** würzen. Zehn oder zwölf Bällchen daraus formen und in einer Pfanne in **1 EL nativem Olivenöl extra** 5 Minuten rundum goldbraun braten.

TIPP Da schwarzer Reis etwa 45 Minuten garen muss, lohnt es sich, gleich eine größere Menge zu kochen. Dann in vier Portionen teilen und davon drei Portionen einfrieren.

Grünkohl-Bowl mit Karotten-Hummus, Pilzen, Feta und Papaya

Zubereitungszeit 45 Minuten
Für 2 Portionen

Für den Hummus
400 g Karotten (geschält 325 g)
1 EL natives Olivenöl extra (10 ml)
200 ml Gemüsebrühe
30 g weißes Mandelmus
75 g weiße Bohnen aus der Dose, abgetropft
1 EL Limettensaft (10 ml)
1 TL abgeriebene Limettenschale
Salz
schwarzer Pfeffer aus der Mühle
1 Prise Cayennepfeffer
3–4 Stängel Dill (10 g Dillspitzen)

Für das Gemüse
80 g junger Grünkohl (Baby-Kale, geputzt 50 g; alternativ Schwarzkohl oder Romanasalat)
1 ½ EL natives Olivenöl extra (15 ml)
Salz
1 Stück Papaya (geschält, entkernt 125 g)
1 TL Limettensaft (5 ml)
schwarzer Pfeffer aus der Mühle
1 Kräuterseitling (geputzt 100 g)
15 g Microgreens (siehe Seite 114; z. B. rote Rettichkeimlinge, Daikonkresse oder Senfkeimlinge)

Nährwerte pro Portion: Veganes Basisrezept: 331 kcal, F 22 g, KH 20 g, B 15 g, EW 12 g; Flexitarisches Extra: 173 kcal, F 14 g, KH 1 g, B 1 g, EW 10 g

Veganes Basisrezept

Für den Hummus **Karotten** schälen, einige Streifen abziehen und beiseitelegen, den Rest in 2 cm dicke Scheiben schneiden. • **Öl** in einem Topf erhitzen. Die Karotten darin 3 Minuten unter Rühren anbraten. **Brühe** angießen, aufkochen und abgedeckt 30 Minuten köcheln lassen. Zum Schluss den Deckel abnehmen, bis die Flüssigkeit eingekocht ist. • Karotten, **Mandelmus** und **Bohnen** mit dem Stabmixer fein pürieren. Mit **Limettensaft, Limettenschale**, etwas **Salz, Pfeffer** und **Cayennepfeffer** pikant abschmecken. **Dill** abbrausen, trocken tupfen, hacken und untermischen. • Während die Karotten garen, für das Gemüse den **Grünkohl** von den Blattrippen befreien, in Stücke zerzupfen, waschen und trocken schleudern. Mit ½ EL **Öl** beträufeln und kräftig einmassieren, dann leicht **salzen**. • **Papaya** schälen, entkernen und 1,5 cm groß würfeln. Mit **Limettensaft** und **Pfeffer** würzen. • **Kräuterseitling** säubern, längs in 5 mm breite Scheiben schneiden und im restlichen **Öl** 5–6 Minuten goldbraun braten. **Salzen** und **pfeffern**. • Grünkohl, Papaya und Hummus unvermischt in zwei Bowls anrichten und die Pilze daraufgeben. Mit Karottenstreifen und **Microgreens** garnieren.

Flexitarisches Extra: Feta mit Kürbiskernen

Zubereitungszeit 5 Minuten

25 g Kürbiskerne hacken. **75 g Feta** (aus Schafsmilch; 48 % Fett) zerkrümeln, beides mischen, mit **schwarzem Pfeffer aus der Mühle** würzen und auf den Bowls verteilen.

DOC FLECKS GESUNDHEITSTIPP

Die orange Fruchtfleischfarbe der **Papaya** verweist auf einen hohen Gehalt an Carotinoiden. Neben vielen B-Vitaminen, den Vitaminen A, C und E sowie vielen Mineralstoffen enthält die Frucht besonders reichlich Phosphor, das einen positiven Einfluss auf den Säure-Basen-Haushalt hat. Hervorzuheben ist das Enzym Papain, das nicht nur antientzündlich und antioxidativ wirkt, sondern Eiweiße in Aminosäuren aufspaltet, sodass sie vom Körper besser aufgenommen werden. Auch die pfeffrig-scharfen Kerne enthalten viel Papain. Man kann sie pur knabbern oder im Backofen 2–3 Stunden bei 50 °C trocknen, anschließend mörsern und wie Pfeffer verwenden.

Bowl mit Blumenkohl-Reis, Karottenstreifen, Erbsen und Miso-Mandel-Dip

Zubereitungszeit 40 Minuten
Für 2 Portionen

1 Bund glatte Petersilie (20 g Blätter)
200 g TK-Erbsen
300 g Blumenkohlröschen
Flockensalz
1 Prise Chiliflocken
2 TL abgeriebene Zitronenschale
2–3 EL Zitronensaft (20–30 ml)
3 EL natives Olivenöl extra (30 ml)
Salz
1 große Karotte (geschält 100 g)
grüner Pfeffer aus der Mühle
30 g weiße Misopaste
40 g weißes Mandelmus
1 Prise Cayennepfeffer
10 g Erbsensprossen (alternativ andere Microgreens; siehe Seite 114)

Nährwerte pro Portion
Veganes Basisrezept: 388 kcal
F 29 g, KH 17 g, B 15 g, EW 16 g
Flexitarisches Extra: 160 kcal
F 11 g, KH 1 g, B 0 g, EW 15 g

Veganes Basisrezept

Die **Petersilie** abbrausen, trocken tupfen, die Blätter abzupfen, einige beiseitelegen, den Rest grob schneiden und im Blitzhacker fein hacken. **Erbsen** mit kochendem Wasser übergießen und 5 Minuten stehen lassen. • **Blumenkohl** waschen, trocken tupfen, grob zerteilen und im Blitzhacker zu Reiskorngröße zerkleinern. Mit Petersilie, **Flockensalz, Chiliflocken** und **Zitronenschale** mischen und mit 1 ½–2 EL **Zitronensaft** abschmecken. 2 EL **Öl** darüberträufeln und mischen. • Etwas **Salzwasser** zum Kochen bringen. **Karotte** schälen, mit dem Sparschäler dünne Streifen abziehen und im kochenden Wasser 2–3 Minuten bissfest blanchieren. Dann eiskalt abschrecken, abtropfen lassen und trocken tupfen. Restliches **Öl** in einer Pfanne erhitzen, Karotten darin wenden, **salzen** und **pfeffern**. • **Misopaste** mit **Mandelmus,** restlichem **Zitronensaft** und etwa 30 ml Wasser glatt rühren und mit **Cayennepfeffer** würzen. • Erbsen in ein Sieb abgießen. **Erbsensprossen** abbrausen und trocken tupfen. • Den Blumenkohl-Reis in zwei Bowls füllen, daneben die Erbsen geben. Karottenstreifen locker darauf verteilen, mit Dressing beträufeln und mit Erbsensprossen garnieren.

Flexitarisches Extra: kleine Lachsfrikadellen

Zubereitungszeit 15 Minuten

Von **150 g Lachsfilet** (gut gekühlt, ohne Haut, Gräten und graues Fett) ein Drittel 5 mm groß würfeln, den Rest grob in Stücke schneiden und im Blitzhacker mit **10 g Petersilienblättern** und **1 TL abgeriebener Zitronenschale** pürieren. Mit **Salz, grünem Pfeffer aus der Mühle** und **2 Msp. Piment d'Espelette** würzen, gut mit den Lachswürfeln vermengen und aus der Masse sechs Minifrikadellen formen. **1 TL natives Olivenöl extra** in einer kleinen Pfanne erhitzen, die Frikadellen darin 30 Sekunden goldbraun anbraten, wenden, die Hitze reduzieren und 3–4 Minuten bei knapp mittlerer Hitze sanft braten. Je drei Lachsfrikadellen auf den Bowls anrichten.

EXKURS Gewürze

Gewürze sind wie Kräuter als „Kronjuwelen der Naturheilkunde“ integraler Bestandteil der Doc Fleck Methode. Lange bevor Gewürze und Kräuter zu Genussmitteln wurden, galten sie schon vor vielen Jahrhunderten als Medizin. Doch langsam kommt es zu einer Rückbesinnung auf die gesundheitliche Heilkraft von Gewürzen.

Gewürze sind Produkte der Natur und deshalb Schwankungen unterlegen – anders als chemische Produkte, die immer nach einer Formel exakt reproduziert werden können. Die qualitativen Schwankungen sind klima-, anbau- und lagerbedingt.

Gewürze bringen durch Aroma und Geschmack Abwechslung auf Ihren Teller und machen es damit kulinarisch interessant. Bereits ihre Aromen regen den Appetit an und sorgen so für eine verstärkte Speichelbildung, die für die erste Stufe der Verdauung so wichtig ist. Dazu sorgen bestimmte Inhaltsstoffe für bessere Bekömmlichkeit, andere haben antibakterielle und antifungizide Wirkungen, wiederum andere wirken positiv auf Kreislauf und Stoffwechsel. Und nicht zu vergessen: die belegt positive Wirkung vieler Gewürze auf die Psyche und das Energielevel.

Bei einer pflanzenbasierten Ernährung mit viel Gemüse, Obst und Hülsenfrüchten kommt es häufig zu Verdauungsproblemen. Auch hier können und sollten Gewürze vorbeugend und gezielt eingesetzt werden.

KÜMMEL UND CUMIN

Kümmel und Cumin (Kreuzkümmel) sind Klassiker, was die verdauungsfördernde Wirkung von Kohl und Hülsenfrüchten betrifft.

Cumin hat ein üppiges, warmes Aroma und einen scharf-bitteren, etwas süßlichen Geschmack. Er ist typisch für die indische und orientalische Küche und kann wie normaler Kümmel verwendet werden. Cumin wirkt vorbeugend und lindernd bei Koliken und Durchfall. Durch die Anregung von Speichelfluss, Magensaft- und Gallensaftsekretion unterstützt er die Verdauung wirkungsvoll. Cumin wirkt bei Nervosität außerdem beruhigend.

Echter Kümmel riecht süßlich, warm-würzig und etwas harzig und terpentinartig. Kümmel wirkt appetitanregend, verdauungsfördernd und krampflösend. Hilfreich bei Blähungen, Bauchschmerzen und Koliken.

KORIANDERSAMEN

Koriander hat ein mild-aromatisches Aroma. Er schmeckt holzig-warm, etwas herb, an Orangen erinnernd und ist Bestandteil vieler Gewürzmischungen. Koriander wirkt positiv auf die Psyche und stärkt die Nerven. Er hilft bei Völlegefühl und Blähungen, stärkt die Gallen- und Bauchspeicheldrüsenfunktion, fördert die Entgiftung, sorgt für einen stabilen Blutzucker und senkt die Blutfette.

KARDAMOM

Kardamom duftet frisch und intensiv nach seinen ätherischen Ölen. Der Geschmack ist süßlich-harzig, mit Noten von Kampfer und Bitterorangen. Kardamom wirkt anregend, stimmungsaufhellend und positiv auf das Gehirn. Gekaute Samen beleben und erfrischen den Atem. Kardamom wirkt gegen zu viel Magensäure und macht damit Kaffee besser verträglich. Im Orient gilt Kardamom als Aphrodisiakum.

MUSKATNUSS

Eine kleine Prise reicht! Frisch gerieben entwickelt die Muskatnuss ein intensives, vielschichtiges, warmes Aroma. Im Geschmack ist sie süßlich-harzig, bitter und scharf. Muskat wirkt anregend, stimmungsaufhellend und antidepressiv. Außerdem entzündungshemmend – besonders bei Arthrose –, dazu blutfettsenkend und leberstärkend. Vorsicht bei zu hoher Dosierung! Bei wiederholter extremer Dosierung sind psychische Nebenwirkungen wie Halluzinationen und Panikattacken beschrieben.

PFEFFER

Je nach Herkunft, Bearbeitung und Reifegrad hat Pfeffer ein fruchtiges bis rauchiges Aroma und eine frische, beißende Schärfe, für die der Inhaltsstoff Piperin verantwortlich ist. Er setzt Endorphine frei, die für Wohlbefinden sorgen. Pfeffer wirkt stark antientzündlich, fördert Stoffwechsel und Verdauung, indem Speichelfluss und Magensaftbildung angeregt werden. Er ist wirksam bei Verdauungsstörungen und Durchfällen, die von Bakterien und Amöben verursacht wurden. Pfeffer wärmt den Körper, wirkt beruhigend und konzentrationsfördernd.

CHILI

Von relativ mild bis unerträglich scharf gibt es unzählige Sorten von Chilis. Je nach Sorte haben sie neben der Schärfe einen fruchtigen, süßlichen oder rauchigen Geschmack. Sie enthalten in unterschiedlicher Konzentration den Wirkstoff Capsaicin, der ähnlich wie das Piperin im Pfeffer Endorphine freisetzt und so für Wohlgefühle sorgt. Chili wirkt durchblutungsfördernd, kreislaufanregend und entzündungshemmend und hilft bei Schmerzen und Verspannungen, zum Beispiel in Schmerzpflastern. Die stoffwechselaktivierende Wirkung hilft beim Abnehmen. (Als weiterführende Literatur zu diesem Thema empfiehlt sich das Buch „SCHLANK! und gesund mit der Doc Fleck Methode".)

CEYLONZIMT

Zimt duftet intensiv, süßlich und holzig-warm. Er verleiht zuckerfreien Desserts einen dezent süßlichen Geschmack. Zimt wirkt stimmungssteigernd, anregend und aktivierend. Er hat eine verdauungsfördernde und krampflösende Wirkung, ist entzündungshemmend und leberstärkend. Zimt wird in der Diabetes-Behandlung eingesetzt, weil er den Blutzuckerspiegel senken soll. Da dafür größere Mengen verabreicht werden, sollte man auf die Qualität (bitte bio!) und Herkunft achten: Kassiazimt enthält bis zu 400 Mal so viel des schädlichen Cumarins als Ceylonzimt. Hier lohnt sich das Lesen der Etiketten besonders!

VANILLE

Echte Vanille, vorzugsweise Bourbon- oder Madagaskar-Vanille, hat einen schweren Duft und einen süß-milden, weichen Geschmack. Wie Zimt kann sie zuckerfreien Desserts eine feine süßliche Note verleihen. Vanille beflügelt die Sinne und wirkt stimmungsaufhellend. Sie entspannt und fördert gleichzeitig die Konzentration. Geschmack und Aroma lassen im ganzen Körper ein reines Wohlgefühl entstehen.

INGWER

Frischer Ingwer duftet zitronig-frisch und sein Geschmack ist frisch und scharf. Getrocknet verliert er deutlich an Aroma, nicht aber an Schärfe und Wirksamkeit. Die vielseitige Wirkung von Ingwer ist legendär. Ingwer stärkt die Abwehr, wirkt bei Erkältungskrankheiten ebenso gut wie bei Übelkeit. Dazu wirkt er antibakteriell, gallefördernd, stimulierend auf das Immunsystem, schmerzstillend und antioxidativ. Ingwer wirkt wärmend, hilft bei der Verdauung und senkt die Cholesterin- und Blutfettwerte. Sehr wirksam ist er bei Völlegefühl und Übelkeit, besonders bei Reisekrankheit und Schwangerschaftsübelkeit.

KURKUMA

Frische Kurkuma duftet erdig und angenehm frisch. Der Geschmack ist ingwerähnlich, aber nicht zitronig-frisch, sondern eher pfeffrig-herb. Das Pulver duftet dezent blumig, herb und honigartig, mit längerer Lagerung immer erdiger. Kurkuma gilt als eines der gesündesten Gewürze überhaupt. Der Wirkstoff Curcumin fördert die für die Entgiftung und Verdauung elementar wichtige Gallenproduktion und hilft somit bei Magen- und Darmproblemen bei zu geringer Produktion von Galle. Kurkuma schützt vor schädlichen Darmbakterien und hilft bei der Entgiftung der Leber. Dazu hat der enthaltene Inhaltsstoff Curcumin einen positiven Einfluss auf das Gehirn. Kurkuma ist in Deutschland als Arzneimittel zugelassen und kann in Kapselform oder als Infusionstherapie verordnet werden.

Scharfe Karottensuppe mit Tahini, Limette und Frühlingszwiebel

Zubereitungszeit 30 Minuten
plus 25 Minuten Kochen
Für 2 Portionen

1 größere Zwiebel (geschält 70 g)
2 Knoblauchzehen (geschält 10 g)
350 g Karotten (geschält 300 g)
1 rote Chilischote (geputzt 15 g)
1 EL natives Olivenöl extra (10 ml)
500 ml Gemüsebrühe (nach Belieben etwas mehr)
100 ml Hafer Cuisine
20 g weißes Tahini (Sesammus)
Salz
schwarzer Pfeffer aus der Mühle
1–2 TL Limettensaft (5–10 ml)
1 TL abgeriebene Limettenschale
1 dünne Frühlingszwiebel (geputzt 15 g)

Nährwerte pro Portion
Veganes Basisrezept: 228 kcal
F 15 g, KH 16 g, B 8 g, EW 6 g
Flexitarisches Extra: 56 kcal
F 4 g, KH 0 g, B 0 g, EW 5 g

Veganes Basisrezept

Zwiebel und **Knoblauchzehen** schälen und hacken. **Karotten** schälen und in etwa 1 cm dicke Scheiben schneiden. **Chilischote** entkernen, abbrausen und hacken. • **Öl** in einem Topf erhitzen und die Zwiebeln darin unter Rühren glasig andünsten. Knoblauch kurz mitdünsten, Karotten hinzufügen und unter Rühren andünsten. 400 ml **Brühe** angießen, aufkochen und abgedeckt 25 Minuten garen, bis die Karotten weich sind. • Etwa zwei Drittel der Chili, circa 30 ml **Hafer Cuisine** sowie **Tahini** hinzufügen und mit dem Stabmixer fein pürieren. Je nach gewünschter Konsistenz mehr **Brühe** angießen. Mit etwas **Salz, Pfeffer, Limettensaft** und **Limettenschale** abschmecken. **Frühlingszwiebel** putzen und in dünne Ringe schneiden. • Die Suppe in zwei Schalen füllen und mit restlicher **Hafer Cuisine** beträufeln. Frühlingszwiebelringe und übrige Chili darüberstreuen.

Flexitarisches Extra: Parmesan-Crunch

Zubereitungszeit 5 Minuten plus 5–6 Minuten Backen

Den Backofen auf 200 °C Ober-/Unterhitze vorheizen. Ein Backblech mit Backpapier auslegen. **30 g Parmesan** fein reiben und mit **¼ TL schwarzem Pfeffer aus der Mühle** mischen. Mithilfe eines Dessertrings vier Kreise auf das Backblech streuen und im vorgeheizten Ofen 5–6 Minuten backen, bis der Parmesan Blasen wirft. Herausnehmen und vollständig auskühlen lassen. Als Scheiben zur Suppe servieren oder in Stückchen brechen und auf die Suppe streuen.

Rote-Bete-Mandelmus-Suppe

Zubereitungszeit 15–20 Minuten
plus 5 Minuten Köcheln
Für 2 Portionen

2 Schalotten (geschält 60 g)
1 große Knoblauchzehe (geschält 8 g)
300 g gegarte Rote Beten (ofengegart oder vakuumverpackt)
1 ½ EL natives Olivenöl extra (15 ml)
350 ml Gemüsebrühe
50 g weißes Mandelmus
5 TL Balsamico-Essig
Salz
schwarzer Pfeffer aus der Mühle
1 Prise Cayennepfeffer
2 EL vegane Sahne (z. B. Reis Cuisine)
5 g rote Radieschensprossen (siehe Seite 114)

Nährwerte pro Portion
Veganes Basisrezept: 337 kcal
F 24 g, KH 21 g, B 6 g, EW 9 g
Flexitarisches Extra: 123 kcal
F 7 g, KH 1 g, B 0 g, EW 14 g

Veganes Basisrezept

Schalotten und **Knoblauchzehe** schälen und hacken. **Rote Beten** etwa 2 cm groß würfeln. • **Öl** in einem Topf erhitzen und die Schalotten darin glasig andünsten. Knoblauch kurz mitdünsten, Rote Beten dazugeben und unter Rühren 1 Minute dünsten. **Brühe** angießen, aufkochen und abgedeckt 5 Minuten köcheln lassen. • **Mandelmus** zur Suppe geben und mit dem Stabmixer fein pürieren. Zunächst mit 3 TL **Essig** sowie etwas **Salz, Pfeffer** und **Cayennepfeffer** pikant abschmecken, nach Geschmack noch 1–2 TL **Essig** mehr einrühren. • In zwei Schalen füllen, die **Sahne** in Klecksen daraufsetzen und mit den **Sprossen** garnieren.

Flexitarisches Extra: Stremellachs mit Kresse

Zubereitungszeit 10 Minuten

2 TL Dijonsenf (10 g) mit **1 EL Tamari** (glutenfreie Sojasauce), **1 TL Zitronensaft** und **1 TL abgeriebener Zitronenschale** verrühren. **100 g Stremellachs** zerpflücken und in der Senfmischung wenden. Mit **schwarzem Pfeffer aus der Mühle** würzen. Etwas **Kresse** (alternativ gehackte Spitzen von 2 Dillstängeln) hacken und untermischen, mit **5 g Senfsprossen** (alternativ andere Sprossen; siehe Seite 114) garnieren.

Topinambursuppe mit Limette und Mandelmus

Zubereitungszeit 20 Minuten
plus 30 Minuten Garen
Für 2 Portionen

Für die Suppe
2 Zwiebeln (geschält 100 g)
2 Knoblauchzehen (geschält 10 g)
500 g Topinamburen (geschält 400 g)
1 ½ EL natives Olivenöl extra (15 ml)
600 ml Gemüsebrühe (nach Belieben etwas mehr)
40 g weißes Mandelmus
20 g weiße Misopaste
2–3 TL Limettensaft
Salz
grüner Pfeffer aus der Mühle
1 Prise Cayennepfeffer

Für die Gremolata
1 kleines Bund Koriandergrün (15 g Blätter und zarte Stiele)
20 g grüne Pistazienkerne
2 TL abgeriebene Limettenschale

Nährwerte pro Portion
Veganes Basisrezept: 358 kcal
F 27 g, KH 14 g, B 28 g, EW 15 g
Flexitarisches Extra: 92 kcal
F 6 g, KH 0 g, B 0 g, EW 9 g

Veganes Basisrezept

Für die Suppe **Zwiebeln** und **Knoblauchzehen** schälen und hacken. Die **Topinamburen** schälen und knapp 2 cm groß würfeln. • **Öl** in einem Topf erhitzen und die Zwiebeln darin glasig andünsten. Knoblauch kurz mitdünsten, Topinamburwürfel hinzugeben und unter Rühren 1–2 Minuten andünsten. **Brühe** angießen, aufkochen und abgedeckt 30 Minuten köcheln lassen. • Inzwischen für die Gremolata das **Koriandergrün** abbrausen, trocken tupfen, grob hacken und mit **Pistazien** und **Limettenschale** im Blitzhacker zu einer nicht zu feinen Gremolata hacken. • **Mandelmus** und **Misopaste** in die Suppe geben und mit dem Stabmixer fein pürieren. Je nach gewünschter Konsistenz noch etwas **Brühe** zugießen. Mit **Limettensaft,** etwas **Salz, Pfeffer** und **Cayennepfeffer** abschmecken, in zwei Schalen füllen und mit der Gremolata bestreuen.

Flexitarisches Extra: krosser Serranoschinken

Zubereitungszeit 5 Minuten plus ca. 8 Minuten Backen

Den Backofen auf 220 °C Ober-/Unterhitze vorheizen. **60 g Serranoschinken** (vier Scheiben) auf ein mit Backpapier ausgelegtes Backblech legen, mit **1 TL nativem Olivenöl extra** bestreichen und mit **schwarzem Pfeffer aus der Mühle** würzen. Im vorgeheizten Ofen etwa 8 Minuten kross backen. Als Scheiben zur Suppe servieren oder in Stückchen brechen und auf die Suppe streuen.

Grüne Spargel-Brokkoli-Suppe

Zubereitungszeit 15 Minuten
plus 6 Minuten Köcheln
Für 2 Portionen

200 g grüner Spargel (geschält 150 g)
250 g Brokkoli (200 g Stiel und Röschen)
2 Frühlingszwiebeln (geputzt 30 g)
20 g Kokosöl
300 ml Gemüsebrühe
150 ml Kokosmilch (70–90 %)
Salz
grüner Pfeffer aus der Mühle
1–2 TL Limettensaft

Nährwerte pro Portion
Veganes Basisrezept: 326 kcal
F 29 g, KH 8 g, B 4 g, EW 7 g
Flexitarisches Extra: 133 kcal
F 13 g, KH 2 g, B 0 g, EW 12 g

Veganes Basisrezept

Spargel im unteren Drittel schälen, holzige Enden entfernen, Spargelstangen waschen und in Stücke schneiden. **Brokkoli** waschen, den Stiel schälen und klein schneiden, die Röschen in Stücke schneiden. Die **Frühlingszwiebeln** putzen, waschen und klein schneiden. Dann das Gemüse in zwei Portionen im Blitzhacker fein zerkleinern. • **Kokosöl** in einem Topf erhitzen und das zerkleinerte Gemüse unter Rühren kurz darin andünsten. **Brühe** angießen, aufkochen und abgedeckt etwa 6 Minuten köcheln lassen. • Bis auf 2 EL die **Kokosmilch** zur Suppe geben, mit dem Stabmixer fein pürieren und mit etwas **Salz, Pfeffer** und **Limettensaft** abschmecken. • In zwei Schalen füllen und mit der restlichen **Kokosmilch** beträufeln.

Flexitarisches Extra: gewürfelter Paneer

Zubereitungszeit 5 Minuten

100 g Paneer (indischer schnittfester Frischkäse; alternativ Mozzarella) würfeln, mit **Flockensalz** bestreuen und auf die Suppe geben (oder untermischen, damit der Käse leicht schmilzt). Mit **1 kleinen Handvoll Brokkoli-Microgreens** (5 g; siehe Seite 114 f.) bestreuen.

EXKURS Sprossen und Microgreens

Sprossen und Microgreens sind wahre Nährstoffbomben. In ihnen steckt bereits die geballte Power der späteren Pflanze. So kann man beispielsweise mit einer kleinen Handvoll Brokkoli-Microgreens genauso viele Nährstoffe zu sich nehmen wie mit einem ganzen Kopf Brokkoli.

Dazu ist man saisonal unabhängig: Man kann jederzeit auf kleinstem Raum seine eigenen, garantiert unbehandelten Gemüse-Minipflänzchen ernten und genießen!

Sprossen und Microgreens wachsen aus denselben Samen und werden später zu derselben Pflanze. Sprossen sind etwa 2–8 Tage alt, Microgreens etwa 6–20 Tage. Dabei sind viele Sorten für beide Aufzuchtarten geeignet.

Wem es nicht nur um die Nährstoffe, sondern auch um die Optik geht, der setzt auf Microgreens: Die Minipflänzchen wachsen gerade nach oben und sind auf jedem Gericht attraktiv. Sprossen dagegen wachsen im Glas etwas durcheinander.

SPROSSEN

Geeignete Sorten für Sprossen wie Alfalfa, Radieschen, Mungobohnen, Zwiebel, Daikon-Rettich und Linsen werden gegebenenfalls eingeweicht, gründlich gespült und dann in ein Sprossenglas mit einem Siebdeckel gefüllt, das schräg gestellt wird, sodass überflüssiges Wasser abtropfen kann. Besonders in der wärmeren Jahreszeit muss man sehr darauf achten, dass die Sprossen im Glas nicht zu schimmeln anfangen. Bis zum Verzehr müssen sie mindestens zweimal täglich gespült werden. Da sie auch ohne direktes Licht wachsen, sind sie etwas blasser als Microgreens. Fertige Sprossen können noch einige Tage im Kühlschrank aufbewahrt werden, am besten locker in einer mit Küchenpapier ausgelegten Schale.

MICROGREENS

Während Sprossen ganz ohne Erde auskommen, benötigen Microgreens Erde, um daraus die notwendigen Nährstoffe zu ziehen. Einige Sorten müssen vorher einige Stunden eingeweicht werden, zum Beispiel Hülsenfrüchte. Genaue Zeitangaben zum Einweichen, zu Keimdauer und Erntezeit befinden sich auf jeder Packung. Gute Anzuchterde oder Kokoserde ist optimal.

Das Ziehen der Pflänzchen ist denkbar einfach: Die Erde wird in geeignete Pflanzgefäße (mit Wasserabfluss) gefüllt und geglättet, dann werden die Samen gleichmäßig, aber nicht zu dicht daraufgestreut. Mit Wasser besprühen und 2–3 Tage abgedeckt keimen lassen, dabei regelmäßig die Feuchtigkeit prüfen und nach Bedarf mit Wasser besprühen. Sobald die Keimlinge die Abdeckung erreichen, werden sie ans Licht gestellt. Hier entwickeln sie schnell Chlorophyll, was man an ihrer kräftig-grünen oder bunten Farbe sieht. Nach weiteren 2–6 Tagen (oder mehr) werden sie abgeschnitten und verzehrt.

Sorten, die ohne Einweichen verarbeitet werden, sind beispielsweise Grünkohl, Brokkoli, Radieschen und Rucola. Hülsenfrüchte wie Erbsen, Linsen oder Kichererbsen müssen 8–12 Stunden vorher eingeweicht werden.

Eine Ausnahme sind schleimbildende Samen wie Chia oder Kresse, die auf Kressesieben ausgesät werden und ohne Erde auskommen. Unter den Sieben befinden sich flache Schalen mit Wasser, in die die Wurzeln dann wachsen.

Ausführliche Anleitungen finden sich im Internet und auf den Websites der Hersteller/Lieferanten der Samen, die unbedingt in Bioqualität und mit dem Hinweis „keimfähig“ versehen sein sollten.

Hier ein paar Beispiele von schnell wachsenden Microgreens, die innerhalb von 6 bis 7 Tagen geerntet werden können:

GRÜNKOHL-MICROGREENS

Neben einem hohen Eiweißgehalt, wertvollen Senfölen und den Vitaminen A, C und K enthalten sie viel Calcium und Eisen. Sie schmecken dezent nach Grünkohl, aber mild und nicht herb.

BROKKOLI-MICROGREENS

Sie sind ein wahres Füllhorn an sekundären Pflanzenstoffen und enthalten neben verschiedenen Vitaminen viele Mineralstoffe und Spurenelemente wie Eisen, Calcium, Kalium, Magnesium, Chrom, Jod und Zink – und einen hohen Wert an Antioxidantien. Ihr Anteil an Senfölglykosid soll bis zu 100 Mal höher sein als im Brokkoligemüse, das bereits als supergesund gilt. Der Geschmack ist grasig-frisch-mild und kaum kohlartig.

RUCOLA-MICROGREENS

Durch ihren hohen Gehalt an Senfölen schmecken sie leicht zwiebelartig-scharf mit einem minimal herben Nachgeschmack, durchaus ähnlich dem späteren Salat. Neben den Vitaminen A, B, C und D haben sie einen höheren Anteil an Folsäure, dazu Calcium und Kalium.

RADIESCHEN- UND RETTICH-MICROGREENS

Die reichlich enthaltenen Senföle sind für den pikanten, leicht scharfen Geschmack verantwortlich, der sehr dicht am Geschmack des späteren Gemüses ist, wobei sich Radieschen- und Rettich-Microgreens sehr ähnlich sind. Beide sind reich an Vitaminen, Spurenelementen und Mineralstoffen, sie haben zum Beispiel einen hohen Anteil an Magnesium.

Bezugsquellen für Samen und Bücher zum Thema finden Sie auf Seite 19.

Schwarze-Bohnen-Pasta mit geschmorten Tomaten

Zubereitungszeit 15 Minuten
Für 2 Portionen

100 g Schwarze-Bohnen-Spaghetti
Salz
180 g rote Zwiebeln (geschält 150 g)
3 EL natives Olivenöl extra (30 ml)
400 g längliche kleine Tomaten
(z. B. Datteltomaten oder kleine Roma-Tomaten)
schwarzer Pfeffer aus der Mühle
1–1 ½ TL Gewürzmischung
(z. B. Berbere oder Baharat)
4 Stängel Basilikum (4 g Blätter)

Nährwerte pro Portion
Veganes Basisrezept: 362 kcal
F 18 g, KH 10 g, B 7 g, EW 13 g
Flexitarisches Extra: 181 kcal
F 9 g, KH 10 g, B 7 g, EW 13 g

Veganes Basisrezept

Schwarze-Bohnen-Spaghetti in **Salzwasser** 6 Minuten (oder nach Packungsangaben) garen. • Inzwischen **Zwiebeln** schälen, längs halbieren und quer in Streifen schneiden. **Öl** in einem Topf erhitzen und die Zwiebeln darin glasig andünsten. • Währenddessen **Tomaten** waschen, trocken tupfen, Stielansätze entfernen und das Fruchtfleisch quer in 1 cm dicke Scheiben schneiden. Zu den Zwiebeln geben, **salzen, pfeffern**, mit der **Gewürzmischung** bestreuen und etwa 2 Minuten schmoren, dabei öfter umrühren. • Zwischendurch die **Basilikumblätter** abzupfen, abbrausen und trocken tupfen. • Die Spaghetti abgießen und etwas ausdampfen lassen. Unter die Tomaten mischen und nochmals abschmecken. Mit Basilikum garnieren und sofort servieren.

Flexitarisches Extra: Burrata

Zubereitungszeit 5 Minuten

1 Kugel Burrata (100 g Abtropfgewicht) trocken tupfen, halbieren und auf die Portionen setzen. **1 TL natives Olivenöl extra** darüberträufeln und mit **Flockensalz** und **schwarzem Pfeffer aus der Mühle** würzen.

TIPP Schwarze-Bohnen-Spaghetti sind wie andere Produkte aus Hülsenfrüchten perfekte Eiweißlieferanten (siehe Seite 36).

Edamame-Pilz-Gemüse

Zubereitungszeit 30 Minuten
Für 2 Portionen

200 g rote Zwiebeln (geschält 170 g)
250 g braune Champignons (geputzt 200 g)
250 g Austernpilze (geputzt 200 g)
20 g Sonnenblumenkerne
1 Bund glatte Petersilie (20 g Blätter)
3 EL natives Olivenöl extra (30 ml)
200 g gegarte Edamame (siehe Tipp)
Salz
schwarzer Pfeffer aus der Mühle
10 g Hefeflocken

Nährwerte pro Portion
Veganes Basisrezept: 377 kcal
F 26 g, KH 10 g, B 17 g, EW 23 g
Flexitarisches Extra: 338 kcal
F 30 g, KH 1 g, B 1 g, EW 16 g

Veganes Basisrezept

Zwiebeln schälen, längs halbieren und quer in Streifen schneiden. **Champignons** säubern – falls gewünscht, dabei die Stiele entfernen – und die Kappen in 3–4 mm dicke Scheiben schneiden. **Austernpilze** säubern, die zähen Stiele wegschneiden und die Kappen in Streifen reißen. • **Sonnenblumenkerne** in einer Pfanne ohne Fettzugabe unter Rühren goldbraun rösten und beiseitestellen. **Petersilie** abbrausen, trocken tupfen und hacken. • Champignons in einer Pfanne ohne Fettzugabe bei hoher Temperatur 2–3 Minuten braten, bis sie Farbe annehmen und deutlich schrumpfen. Herausnehmen. • **Öl** in die Pfanne geben und die Zwiebeln darin bei mittlerer Hitze glasig andünsten. Austernpilze hinzugeben und 3 Minuten rührbraten, dann Champignons und **Edamame** untermischen. **Salzen, pfeffern** und die **Hefeflocken** einrühren. Noch kurz bei niedriger Hitze durchziehen lassen. Dann mit Sonnenblumenkernen und Petersilie bestreuen.

Flexitarisches Extra: Streifen von Weichkäse mit Pekannüssen

Zubereitungszeit 5 Minuten

150 g reifen Brie oder **Weichkäse** (zimmerwarm) in Streifen schneiden und mit **schwarzem Pfeffer aus der Mühle** würzen. **15 g Pekannusskerne** in die Käsestreifen drücken und auf dem Gemüse verteilen.

TIPPS Hülsenfrüchte und Pilze sind besonders gesund: Beide enthalten viel Eiweiß und gleichzeitig reichlich Ballaststoffe. Und in der Kombination sind sie unschlagbar, als Gemüsebeilage oder Bestandteil einer Bowl. – Gegarte Edamame-Bohnenkerne gibt es in 225-g-Beuteln (200 g Abtropfgewicht) zu kaufen. Alternativ TK-Edamame nach Packungsangaben zubereiten.

Tofu-Rührei mit Tomaten

Zubereitungszeit 15 Minuten
Für 2 Portionen

200 g Kirschtomaten
2 dünne Frühlingszwiebeln (geputzt 30 g)
200 g Tofu Natur
2 EL natives Olivenöl extra (20 ml)
½ TL gemahlene Kurkuma
½ TL Delikatesspaprika
100 ml ungesüßter Haferdrink
2 Prisen Kala Namak (Gesundtipp siehe Seite 41; alternativ Salz)
schwarzer Pfeffer aus der Mühle
¼ TL Chiliflocken

Nährwerte pro Portion
Veganes Basisrezept: 268 kcal
F 19 g, KH 9 g, B 3 g, EW 16 g
Flexitarisches Extra: 108 kcal
F 5 g, KH 3 g, B 1 g, EW 13 g

Veganes Basisrezept

Tomaten waschen, längs halbieren und Stielansätze entfernen. **Frühlingszwiebeln** putzen, weiße und grüne Teile separat in Ringe schneiden. **Tofu** fein zerkrümeln. • 1 EL **Öl** in einer Pfanne erhitzen, die Tomaten darin bei hoher Hitze 2 Minuten rührbraten und herausnehmen. Restliches **Öl** in der Pfanne erhitzen, weiße Frühlingszwiebelringe und Tofu darin bei hoher Hitze 2 Minuten rührbraten. Auf knapp mittlere Hitze regeln und mit **Kurkuma** und **Paprikapulver** bestreuen. **Haferdrink** angießen und 2 Minuten köcheln lassen. • Tomaten unterheben, mit **Kala Namak, Pfeffer** und **Chiliflocken** würzen und grüne Frühlingszwiebelringe darüberstreuen.

Flexitarisches Extra: Hüttenkäse mit Kräutern

Zubereitungszeit 5 Minuten

200 g Hüttenkäse mit **25 g TK-Kräutermischung** vermengen. Mit **Kräutersalz** und **grünem Pfeffer aus der Mühle** würzen und zum Tofu-Rührei servieren.

DOC FLECKS GESUNDHEITSTIPP

Mit einem guten Produkt, zum Beispiel aus dem Reformhaus, kann man sein Essen mit dem Salzen gleichzeitig würzen. **Kräutersalz** ist ideal für Suppen, Salate, Dressings und nahezu jedes Gemüse. Man kann Kräutersalz wunderbar selbst machen, besonders wenn man seinen eigenen Kräutergarten hat. Oder man kauft im Sommer Biokräuter und trocknet sie schonend 20–30 Minuten bei knapp 40 °C im Ofen. Anschließend werden sie mit einem trockenen Steinsalz gemischt und gemahlen. Man nimmt etwa 15 g getrocknete Kräuter und mischt sie mit 85 g Steinsalz. Zusammen in den Blitzhacker geben und fein mahlen. Geeignet sind unter anderem Dill, Petersilie, Schnittlauch, Sellerieblätter und Lorbeer oder man nimmt Oregano, Basilikum, Thymian und Knoblauch für ein eher mediterranes Kräutersalz. Nach Geschmack kann man noch Gewürze wie Kurkuma, Pfeffer oder Schabzigerklee zugeben.

Lauch-Linsen-Pfanne mit Limetten-Sojaquark

Zubereitungszeit 15 Minuten
Für 2 Portionen

1 Lauchstange (geputzt 200 g)
1 Bund Koriandergrün (20 g Blätter und Stiele)
15 g Kokosöl
100 ml Kokosmilch (70–90 %)
15 g grüne Thai-Currypaste (nach Belieben mehr)
1 Dose Linsen, abgetropft (Abtropfgewicht 240 g; alternativ gegarte Linsen aus dem Beutel)
Salz
grüner Pfeffer aus der Mühle
1–2 Spritzer Limettensaft
125 g Sojaquark
1 TL abgeriebene Limettenschale

Nährwerte pro Portion
Veganes Basisrezept: 352 kcal
F 21 g, KH 22 g, B 10 g, EW 15 g
Flexitarisches Extra: 84 kcal
F 3 g, KH 1 g, B 0 g, EW 13 g

Veganes Basisrezept

Lauch längs halbieren, gründlich waschen, trocken tupfen und quer in 1 cm breite Streifen schneiden. **Koriandergrün** abbrausen, trocken tupfen und hacken. • **Kokosöl** in einer Pfanne erhitzen, zuerst die dunkelgrünen Lauchteile 1 Minute bei gut mittlerer Hitze rührbraten, dann die helleren Teile dazugeben und 2 weitere Minuten rührbraten. **Kokosmilch** angießen, die **Currypaste** darin auflösen. **Linsen** dazugeben und erhitzen. Mit **Salz, Pfeffer** und **Limettensaft** abschmecken, nach Belieben etwas mehr **Currypaste** einrühren. • **Sojaquark salzen** und **pfeffern** und die **Limettenschale** einrühren. • Die Lauch-Linsen-Pfanne auf zwei Schalen verteilen, mit Limetten-Sojaquark toppen und mit Koriandergrün bestreuen.

Flexitarisches Extra: Räucherforellenfilet

Zubereitungszeit 5 Minuten

125 g Räucherforellenfilet zerpflücken und mit **schwarzem Pfeffer aus der Mühle** würzen. Zum Schluss **10 g Meerrettich** frisch darüberreiben.

TIPP Statt gegarte Linsen aus der Dose oder dem Beutel zu verwenden, kann man auch 100 g getrocknete Linsen vorkochen.

Grüner Pfannenspargel mit Kürbiskernen und Kirschtomaten

Zubereitungszeit 20 Minuten
Für 2 Portionen

30 g Kürbiskerne
4 Stängel Basilikum (4 g Blätter)
700 g grüner Spargel (geschält 500 g)
150 g Kirschtomaten
2 EL natives Olivenöl extra (20 ml)
Salz
schwarzer Pfeffer aus der Mühle
2 EL weißer Balsamico-Essig (20 ml)
Flockensalz
1–2 Prisen Chiliflocken

Nährwerte pro Portion
Veganes Basisrezept: 288 kcal
23 g F, 11 g EW, 10 g KH, 5 g B
Flexitarisches Extra: 202 kcal
17 g F, 11 g EW, 0 g KH, 0 g B

Veganes Basisrezept

Die **Kürbiskerne** in einer Pfanne ohne Fettzugabe rösten, bis sie sich etwas aufblähen, dann abkühlen lassen und grob hacken. • Währenddessen die **Basilikumblätter** abzupfen, abbrausen und trocken tupfen. **Spargel** im unteren Drittel schälen, holzige Teile entfernen, Spargelstangen waschen und trocken tupfen. **Tomaten** waschen und halbieren, die Stielansätze entfernen. • 1 EL **Öl** in einer großen schweren Pfanne erhitzen und den Spargel darin unter regelmäßigem Wenden 5 Minuten braten, bis er leicht gebräunt und bissfest gar ist. • Inzwischen in einer anderen Pfanne das restliche **Öl** erhitzen, die Tomaten darin 3–4 Minuten braten, dann **salzen** und **pfeffern**. • Den Spargel mit **Essig** ablöschen, nochmals wenden, mit den Tomaten mischen. Mit Kürbiskernen, **Flockensalz** und **Chiliflocken** bestreuen und mit Basilikum garnieren.

Flexitarisches Extra: Pecorino-Dreiecke

Zubereitungszeit 5 Minuten

100 g Pecorino in etwa 7 mm dicke Dreiecke schneiden und auf dem Salat anrichten.

Gebratene Tempehstreifen mit Cashew-Chili-Dip

Zubereitungszeit 15 Minuten
Für 2 Portionen

150 g Cashewjoghurt
50 g Cashewmus
1 TL Sambal Oelek
Salz
1 Block Tempeh Natur (200 g; siehe Seite 58)
15 g Kokosöl
3 EL Tamari (glutenfreie Sojasauce; 30 ml)

Nährwerte pro Portion 441 kcal
F 27 g, KH 19 g, B 7 g, EW 26 g

Joghurt mit **Cashewmus, Sambal Oelek** und einer Prise **Salz** glatt rühren. • Den **Tempeh** halbieren und in daumendicke Streifen schneiden. • **Kokosöl** in einer Pfanne stark erhitzen und die Streifen darin 4 Minuten braten, dabei jeweils nach 1 Minute wenden, sodass sie rundum knusprig und goldbraun werden. Mit **Tamari** ablöschen und darin wenden, bis die Flüssigkeit vollständig verkocht ist. • Die Tempehstreifen mit dem Dip anrichten.

TIPP Dazu passt Rohkost wie Karotten-, Kohlrabi- oder Stangensellerie-Sticks sowie Paprikastreifen und als aromatische Garnierung Kresse, Keimlinge oder andere Microgreens (siehe Seite 114) oder einfach frische Kräuter nach Wahl.

DOC FLECKS GESUNDHEITSTIPP

Im Gegensatz zu anderen Sojasaucen enthält **Tamari** keinen Weizen und ist damit glutenfrei. Außerdem ist Tamari zuckerfrei und frei von weiteren Zutaten wie Verdickungsmittel, Konservierungsstoffe, Aromen und Hefe. Für die Herstellung werden Sojabohnen gemahlen und mithilfe von besonderen Bakterien zu einer Maische („Koji") verarbeitet. Diese wird mit Salz und Wasser gemischt und traditionell anschließend in Zedernholzfässern fermentiert. Dabei wird das Eiweiß der Sojabohnen in Aminosäuren umgewandelt, die für die Farbe und den typischen Geschmack verantwortlich sind. Heutzutage wird Tamari häufig chemisch hergestellt. Es lohnt sich, nach Produkten mit traditioneller Herstellung und in Bioqualität zu suchen. Für Menschen, die weder Weizen noch Soja vertragen, gibt es als Alternative eine Würzsauce aus Lupinen, Salz und Wasser oder die sogenannten Aminos, die aus Kokosblütensaft gewonnen werden und an eine süßliche Sojasauce erinnern.

EXKURS Protein zur Ergänzung

Gerade für Veganer ist es nicht immer leicht, über die normale Nahrung genügend Protein zu sich zu nehmen. Einfach scheint da der schnelle Griff zu einem Proteinpulver, um ein mögliches Defizit auszugleichen. Man sollte aber sehr genau und kritisch auf die Zutatenliste schauen. Die meisten im Handel erhältlichen Pulver basieren auf Molkeneiweiß (Whey), das nicht vegan ist. Milcheiweiß (Casein) ist außerdem für etwa 30 Prozent der Menschen nicht gut verträglich. Symptome einer Milcheiweißunverträglichkeit sind etwa Migräne, Verdauungsprobleme, Müdigkeit und die Neigung zu Entzündungen und Infekten.

Dazu kommen meist künstliche Aromastoffe und Zucker oder künstliche Süßstoffe – alles nicht geeignet für eine gesunde Ernährung.

Beim Protein geht es immer um die biologische Wertigkeit, die angibt, wie gut der Körper das Protein aufnehmen kann. Tierische Proteine sind durch ihre Aminosäuren den menschlichen körpereigenen Proteinen näher als pflanzliche und können somit tendenziell besser verwertet werden.

Alternativen für Veganer sind pure Proteinpulver aus Hanf, Erbsen oder Reis ohne künstliche Zusätze. Sie erreichen zwar nicht die biologische Wertigkeit von Whey, können aber durch geschickte Kombination mit anderen proteinreichen veganen Lebensmitteln wie Hülsenfrüchten und Nüssen sehr gute Werte erreichen.

WICHTIG

Die Nährwertangaben schwanken naturgemäß und variieren auch von Hersteller zu Hersteller. Sie sind wie immer als eine Orientierung zu verstehen.

REISPROTEIN

Hierfür wird das im Reis enthaltene Eiweiß extrahiert, wobei es sich meistens um braunen Reis handelt, der proteinreicher als weißer Reis ist. Das Reisprotein ist reich an essenziellen Aminosäuren, die dem Körper zugeführt werden müssen, da er sie nicht selbst bilden kann. Reisprotein ist besonders gut verträglich. Nur in Wasser gemixt überzeugt es geschmacklich allerdings nicht. Es schmeckt zwar fast neutral, aber auch etwas mehlig. Gemischt mit Gemüsesaft und einer cremigen Zutat wie Mandelmus oder Avocado und abgerundet mit Gewürzen und Zitronensaft kann man diesen Mehlgeschmack sehr gut ausgleichen.

Nährwerte (100 g): 380 kcal, F 4 g, KH 15 g, B 3 g, EW 80 g

ERBSENPROTEIN

Das gut verträgliche Pulver enthält besonders hohe Mengen der Aminosäuren Arginin und Lysin, Aminosäuren, die wichtig für ein gesundes Immunsystem sind, sowie Leucin, Isoleucin und Valin, die für Muskelaufbau und Muskelerhalt entscheidend sind. Dazu enthält es viel Eisen, das auch im menschlichen Blut vorkommt, Sauerstoff bindet und in die Körperzellen transportiert. Die Konsistenz ist etwas mehlig bis sandig und der Geschmack sehr erbsentypisch. Am besten mixt man es in einen grünen Smoothie, zum Beispiel in den „Grün hoch 4"-Smoothie auf Seite 161.

Nährwerte (100 g): 357 kcal, F 5 g, KH 3 g, B 5 g, EW 75 g

HANFPROTEIN

Hanfprotein ist besonders wertvoll, denn es verfügt über eine gute biologische Wertigkeit und ein ideales Fettsäureprofil, da es viele entzündungshemmende Omega-3-Fettsäuren hat, zum Beispiel die Alpha-Linolensäure (ALA), die unter anderem mit für die Hirnfunktion verantwortlich ist. Im Hanfprotein sind sämtliche Aminosäuren enthalten, auch im idealen Verhältnis zueinander. Hervorzuheben sind Valin, Leucin und Isoleucin, die für den Muskelaufbau notwendig sind. Besonders hoch ist auch der Wert an L-Arginin, das durchblutungsfördernd und damit blutdrucksenkend wirkt. Hanfprotein enthält viele Ballaststoffe. Der Geschmack ist nussig und etwas herb. Man kann es gut in ein Porridge, einen Smoothie oder eine cremige Gemüsesuppe mixen.

Nährwerte (100 g): 345 kcal, F 10 g, KH 5 g, B 20 g, EW 50 g

EXKURS Fermentiertes

Vor der Erfindung von Kühlschränken und Konservendosen wurden Lebensmittel auf verschiedene Art haltbar gemacht, beispielsweise durch Einlegen in Salzlake. Dabei kommt es zu einem Gärprozess, bei dem Gase, Säuren oder Alkohol entstehen, die die Lebensmittel haltbar machen. Die dabei entstehenden Milchsäurebakterien sorgen im Darm für ein leicht saures Milieu, das unerwünschte Bakterien abtötet, den guten Bakterien aber die ideale Umgebung liefert. Milchsauer vergorenes, so fermentiertes Gemüse wie Sauerkraut trägt zu einer gesunden Darmflora bei. Dazu entstehen bei der Fermentation wertvolle Vitamine.

SAUERKRAUT

Man kann dieses gesunde Lebensmittel ganz leicht selbst herstellen: 1 kg Weißkohl wird gesäubert und in feine Streifen gehobelt. Dann mit 20 g Salz so lange kneten, bis Flüssigkeit austritt. Nach Belieben Kümmel zugeben. In ein Glas schichten und zwischendurch immer fest andrücken. Zum Rand hin 2–3 cm frei lassen. Der Kohl muss komplett mit Flüssigkeit bedeckt sein und es sollten keine Luftblasen im Glas sein. Danach verschließen und 5–7 Tage bei Raumtemperatur stehen lassen, danach im Kühlschrank (oder Keller) lagern. Nach 2–3 Wochen kann man schon probieren. Das Kraut ist im Kühlschrank noch mehrere Monate haltbar.

KIMCHI

Ganz ähnlich wird das koreanische Kimchi hergestellt. Meistens verwendet man Chinakohl, der mit der entsprechenden Menge Salz wie Sauerkraut geknetet wird, bis sich Flüssigkeit bildet. Jetzt kommen noch geraspelte Möhren und Rettich sowie eine Paste zum Beispiel aus Zwiebeln, Knoblauch, Ingwer, Chili und Tamari oder Miso dazu. Dann weiter wie beim Sauerkrautrezept.

MISO

Aus Sojabohnen und/oder Gerste und Reis entstehen die würzigen Pasten von cremefarben („weiß“) über rötlich bis dunkelbraun. Je dunkler, desto würziger. Sie enthalten ebenfalls reichlich Milchsäurebakterien und Proteine. Durch den hohen Salzgehalt sind Misopasten im Kühlschrank sehr lange haltbar. Sie sind Basis für die wunderbaren traditionellen Misosuppen, aber auch vielseitiges Würzmittel, wobei man mit weiterem Salz sparsamer umgehen kann.

TEMPEH

Vor dem Fermentieren werden ganze gekochte Sojabohnen mit Pilzkulturen geimpft. So entsteht eine schnittfeste Masse, die sich sehr gut braten oder dämpfen lässt. Tempeh ist sehr proteinreich. Der Geschmack ist mild-nussig (siehe Seite 58).

Mandelmilch-Chia-Pudding mit Himbeeren

Zubereitungszeit 10 Minuten
plus mind. 4 Stunden Quellen
Für 2 Portionen

40 g Chiasamen
200 ml ungesüßter Mandeldrink
1 Prise Salz
250 g Himbeeren
1 mittelgroße Banane (100 g Fruchtfleisch; Gesundheitstipp siehe Seite 144)
1 Msp. gemahlene Vanille
30 g weißes Mandelmus
1 TL Zitronensaft (5 ml)

Nährwerte pro Portion 425 kcal
F 36 g, KH 17 g, B 5 g, EW 9 g

Chiasamen mit **Mandeldrink** und **Salz** mischen, mehrfach umrühren und im Kühlschrank mindestens 4 Stunden, am besten über Nacht, quellen lassen. • **Himbeeren** abbrausen und vorsichtig trocken tupfen. Die **Banane** schälen, in Stücke schneiden, mit 175 g Himbeeren und **Vanille** in einen Mixbecher geben und mit dem Stabmixer pürieren. • Die Hälfte der Fruchtcreme in zwei Gläser geben, den Chiapudding darauflöffeln und mit der restlichen Fruchtcreme abschließen. Mit den übrigen Himbeeren garnieren. • **Mandelmus** mit **Zitronensaft** und etwas Wasser glatt rühren und in Streifen über die Himbeeren träufeln.

TIPP Statt Himbeeren kann man auch andere frische Beeren wie Brombeeren, Erdbeeren oder Blaubeeren verwenden. In Würfel geschnittene Honigmelone oder Kiwis schmecken hier ebenfalls sehr lecker.

Mandel-Schaumdessert

Zubereitungszeit 10 Minuten
Für 2 Portionen

100 ml Aquafaba, gut gekühlt (Gesundheitstipp siehe unten)
50 g weißes Mandelmus
1–2 TL Zitronensaft (5–10 ml)
1 Banane (120 g Fruchtfleisch; Gesundheitstipp siehe Seite 144)
1 TL abgeriebene Zitronenschale
1 Prise Salz
1 Prise frisch geriebene Tonkabohne (Gesundheitstipp siehe Seite 140)

Nährwerte pro Portion
Grundrezept: 221 kcal
F 15 g, KH 15 g, B 3 g, EW 7 g
Variante mit Kakao: 242 kcal
F 16 g, KH 16 g, B 5 g, EW 8 g

Aquafaba mit den Quirlen des Handrührgeräts etwa 3 Minuten schaumig aufschlagen. • **Mandelmus** mit 1 TL **Zitronensaft** und einem Drittel des Aquafaba-Schaums verrühren und in einen Mixbecher geben. **Banane** schälen, in Stücke schneiden, hinzufügen und mit dem Stabmixer fein pürieren. • Nach Geschmack mit etwas mehr **Zitronensaft,** ½ TL **Zitronenschale, Salz** und **Tonkabohne** abschmecken. Den restlichen Schaum vorsichtig unterheben. In zwei Schalen geben und mit übriger **Zitronenschale** bestreuen.

Variante mit Kakao

Zubereitungszeit 10 Minuten

Zusätzlich **3 TL dunkles Kakaopulver** (10 g) in die Mandelmus-Banane-Mischung mixen. Die Portionen anstelle von Zitronenschale mit etwas **Kakaopulver** bestäuben.

DOC FLECKS GESUNDHEITSTIPP

Aquafaba bedeutet so viel wie „Bohnenwasser" und meint die Kochflüssigkeit beziehungsweise Flüssigkeit aus den Dosen von Kichererbsen, Bohnen und Linsen. Aquafaba lässt sich in der veganen Küche wie Eiklar verwenden und entsprechend zu einem luftigen Schaum aufschlagen. Einen besonders stabilen Schaum erhält man, wenn man etwas Backpulver und einen Spritzer Zitronensaft zugibt. Inzwischen gibt es Aquafaba auch im Tetrapak zu kaufen – das empfiehlt sich, wenn man größere Mengen davon braucht, nicht aber die Hülsenfrüchte benötigt.

Kiwi-Avocado-Carpaccio

Zubereitungszeit 12 Minuten
Für 2 Portionen

2 Kiwis (180 g)
1 kleine Avocado (100 g Fruchtfleisch)
30 g weißes Mandelmus
1 TL Zitronensaft (5 ml)
½ TL abgeriebene Zitronenschale
1–2 Prisen frisch geriebene Tonkabohne (Gesundheitstipp siehe Seite 140)
1 Prise Salz
50 g Blaubeeren (alternativ Himbeeren)
einige Minzeblätter
10 g grüne Pistazienkerne

Nährwerte pro Portion 282 kcal
F 23 g, KH 12 g, B 8 g, EW 6 g

Kiwis schälen, längs halbieren und quer in dünne Scheiben schneiden. **Avocado** halbieren, entkernen, das Fruchtfleisch aus der Schale lösen und quer in Spalten schneiden. Kiwis und Avocados überlappend auf zwei Tellern anrichten. • **Mandelmus** mit **Zitronensaft** und 3 TL Wasser glatt rühren, mit **Zitronenschale, Tonkabohne** und **Salz** würzen. In Streifen auf das Carpaccio träufeln. • **Blaubeeren** und **Minzeblätter** abbrausen, trocken tupfen und darauf verteilen. Die **Pistazien** grob hacken und darüberstreuen.

DOC FLECKS GESUNDHEITSTIPP

Grüne oder goldgelbe **Kiwis** sind echte Vitaminbomben. Sie enthalten zum Beispiel fast doppelt so viel Vitamin C wie Orangen und Zitronen. Bereits anderthalb Kiwis decken den Tagesbedarf an Vitamin C. Dazu kommen die Vitamine B_2, B_6, E und K sowie Folsäure, Kalium, Calcium, Kupfer, Phosphor und Magnesium. Das Enzym Actinidin unterstützt die Eiweißverdauung. Man sollte Kiwis aber nie zusammen mit Milchprodukten essen, weil diese durch das Actinidin bitter schmecken. Wer die Früchte in Bioqualität kauft, kann sie für ein Extra an Nähr- und Ballaststoffen eventuell auch mit der Schale essen, wobei die goldgelben Früchte glatter und weniger pelzig sind.

Grapefruitfilets mit Kokosjoghurt und Schoko-Kokos-Crunch

Zubereitungszeit 15 Minuten
Für 2 Portionen

2 kleine möglichst gelbe Grapefruits (300 g Fruchtfleisch)
300 g Kokosjoghurt
1 Msp. gemahlene Vanille
1 Prise Salz
2 Portionen Schoko-Kokos-Crunch (à 15 g; siehe unten)
einige Minzeblätter (nach Belieben)

Nährwerte pro Portion
(inklusive Crunch) 370 kcal
F 26 g, KH 25 g, B 6 g, EW 7 g

Grapefruits so schälen, dass die weiße Haut mit entfernt wird. Die Fruchtfilets aus den Trennhäuten lösen und in zwei flachen Schalen anrichten. Ausgetretenen Grapefruitsaft mit **Kokosjoghurt, Vanille** und **Salz** glatt rühren und darüberlöffeln. • Dann mit je einer Portion **Schoko-Kokos-Crunch** bestreuen. Nach Belieben **Minzeblätter** abbrausen, trocken tupfen und die Desserts damit garnieren.

Schoko-Kokos-Crunch

Ergibt 350 g (ca. 23 Portionen)
Zubereitungszeit 15 Minuten
plus 12 Minuten Backen

75 g Haselnusskerne
50 g Kokosflocken
50 g feine Haferflocken
50 g Sonnenblumenkerne
25 g gepuffte Quinoa (Gesundheitstipp siehe Seite 61)
25 g Kakaonibs (Gesundheitstipp siehe Seite 157)
25 g dunkles Kakaopulver (Gesundheitstipp siehe Seite 143)
2–3 Prisen Salz
1 TL frisch gemahlener Kardamom
1 TL gemahlene Vanille
1 TL schwarzer Pfeffer aus der Mühle
50 g Kokosöl

Nährwerte 100 g Crunch: 559 kcal, F 47 g, KH 22 g, B 12 g, EW 13 g
1 Portion Crunch (à 15 g): 84 kcal, F 7 g, KH 3 g, B 2 g, EW 2 g

Den Backofen auf 180 °C Ober-/Unterhitze vorheizen. Ein Backblech mit Backpapier auslegen. • **Haselnüsse** im Blitzhacker grob hacken und bis auf das Kokosöl mit **allen Zutaten** in einer Schüssel gründlich mischen. Auf dem Backblech ausstreuen, das **Kokosöl** in kleinen Flöckchen darauf verteilen und im vorgeheizten Ofen 6 Minuten backen. Dann gründlich vermischen, wieder glatt streichen und weitere 6 Minuten backen. Herausnehmen und vollständig abkühlen lassen.

TIPP Der zuckerfreie Crunch ist vielseitig einsetzbar, zum Beispiel auf Kokosjoghurt, einer Frühstücksbowl oder frisch aufgeschnittenem Obst. Es lohnt sich, gleich eine größere Menge zuzubereiten. In einem Schraubglas ist er viele Wochen haltbar.

In Kokosmilch gedünstete Apfelringe mit gerösteten Kokosraspeln

Zubereitungszeit 15 Minuten
plus 8–12 Minuten Garen
Für 2 Portionen

2–3 Äpfel (geschält, entkernt 250 g)
150 ml Kokosmilch (70–90 %)
1 Prise Salz
15 g Kokosraspel
1 TL abgeriebene Limettenschale
1 EL Limettensaft (10 ml)
1 Msp. gemahlene Vanille
1–2 Msp. Guarkernmehl

Nährwerte pro Portion 274 kcal
F 22 g, KH 18 g, B 5 g, EW 2 g

Äpfel schälen, das Kerngehäuse herausstechen und Früchte in 1 cm dicke Ringe schneiden. • **Kokosmilch** mit 50 ml Wasser und **Salz** verrühren und in eine große Pfanne geben. Die Apfelringe nebeneinander hineinlegen, aufkochen und abgedeckt bei niedriger Hitze 8–12 Minuten köcheln lassen, dabei gelegentlich wenden. • Inzwischen **Kokosraspel** in einer kleinen Pfanne ohne Fettzugabe goldbraun rösten. Abkühlen lassen und mit **Limettenschale** mischen. • Apfelringe auf zwei Teller verteilen. Die Kokosmilch in der Pfanne mit **Limettensaft** und **Vanille** abschmecken. **Guarkernmehl** durch ein feines Sieb darüberstäuben und bei mittlerer Hitze unter Rühren etwas andicken. Auf die Apfelringe löffeln und mit den Limetten-Kokosraspeln bestreuen.

DOC FLECKS GESUNDHEITSTIPP

Guarkernmehl wird unter E 412 in der europäischen Liste für Zusatzstoffe geführt, wobei nicht alle E-Nummern automatisch einen ungesunden Stoff bezeichnen – so ist auch Kurkumin, der Farbstoff von Kurkuma, in dieser Liste enthalten. Guarkernmehl, das aus der Guarbohne gewonnen wird, ist ein häufig eingesetztes Binde- und Geliermittel. Anders als beispielsweise Agar-Agar kann es ohne Kochen verwendet werden. In kleinen Mengen gilt es als unbedenklich. Bei empfindlich reagierenden Menschen kann es aber bei regelmäßigem und größerem Verzehr zu Darmproblemen kommen, besonders wenn eine Soja-Unverträglichkeit vorliegt. In diesem Fall kann man zu Speisestärke oder Johannisbrotkernmehl greifen.

Gebratene Birnenspalten mit Hüttenkäse, Pekannüssen und Minze

Zubereitungszeit 20 Minuten
Für 2 Portionen

150 g Tofu Natur
100 ml vegane Sahne (z. B. Reis Cuisine)
1 TL Zitronensaft (5 ml)
Salz
500 g reife Birnen (geschält, entkernt ca. 350 g; z. B. Abate Fetel)
15 g Kokosöl
2 Stängel Minze (3 g Blätter)
1 TL abgeriebene Zitronenschale
1 Prise frisch geriebene Tonkabohne
1 Msp. frisch gemahlener Kardamom
25 g Pekannusskerne

Nährwerte pro Portion 389 kcal
F 26 g, KH 26 g, B 8 g, EW 13 g

Tofu zerbröseln und mit **Sahne, Zitronensaft** und ¼ TL **Salz** zu einem Hüttenkäse verrühren. • **Birnen** schälen, vierteln, entkernen und quer in Spalten schneiden. **Kokosöl** in einer Pfanne erhitzen und die Birnen darin etwa 5 Minuten goldbraun braten, dabei gelegentlich wenden. • Inzwischen die **Minze** abbrausen, Blätter abzupfen und trocken tupfen. • Birnen mit **Zitronenschale, Salz, Tonkabohne** und **Kardamom** abschmecken. Noch heiß auf zwei Schalen verteilen, den Hüttenkäse daraufsetzen und mit **Pekannüssen** und Minze garnieren.

DOC FLECKS GESUNDHEITSTIPP

Ihren verführerischen Mandel- und Vanille-ähnlichen Duft verdankt die **Tonkabohne** dem reichlich enthaltenen Cumarin, einem sekundären Pflanzenstoff, der in höherer Dosierung aber ungesund ist. Er kann die Leber schädigen und möglicherweise Krebs verursachen. Allerdings verwendet man Tonka selten täglich und wenn, dann nur in kleinen Mengen, ähnlich wie Muskatnuss. Große Mengen sind sowieso unwahrscheinlich, denn neben dem süßen Duft ist der pure Geschmack sehr bitter. Wenn eine Tonkabohne einen weißen Belag aufweist, handelt es sich nicht automatisch um Schimmel. Meistens ist es das auskristallisierte Cumarin.

Schneller Schokopudding mit Seidentofu und Banane

Zubereitungszeit 5 Minuten
Für 2 Portionen

1–2 Bananen (150 g Fruchtfleisch; Gesundheitstipp siehe Seite 144)
150 g Seidentofu
20 g dunkles Kakaopulver
1 Prise Salz
2 Prisen gemahlene Vanille

Nährwerte pro Portion
Grundrezept: 144 kcal
F 5 g, KH 17 g, B 5 g, EW 7 g
Variante mit Zitrone: 111 kcal
F 3 g, KH 16 g, B 1 g, EW 5 g

Banane(n) schälen, in Stücke schneiden, mit **Seidentofu** und **Kakao** in einen Mixbecher geben und mit dem Stabmixer fein pürieren. Mit **Salz** und **Vanillepulver** abschmecken und auf zwei Gläser verteilen.

Variante mit Zitrone

Zubereitungszeit 5 Minuten

Statt Kakaopulver **1 EL Zitronensaft** und **2 TL abgeriebene Zitronenschale** mit **Seidentofu** und **Banane** mixen. Den Zitronenpudding mit **1 Prise frisch geriebener Tonkabohne** würzen.

DOC FLECKS GESUNDHEITSTIPP

Mit **dunklem Kakaopulver** ist ausdrücklich das pure Kakaopulver ohne Zuckerzusatz gemeint, manchmal auch als Backkakao gehandelt. Grundsätzlich besteht Kakaopulver nur aus sehr fein gemahlenen Kakaobohnen. Aufgrund des pulverförmigen Zustands lässt es sich natürlich ganz anders verarbeiten als die gröberen Kakaonibs, die sich dafür gut als Topping eignen. Kakaopulver und -nibs enthalten jede Menge Vitamine, dazu Calcium, Eisen und vor allem Magnesium, das auch für Knochen und Muskeln wichtig ist. Sowohl Kakaopulver als auch -nibs sind reich an Oxidantien, zum Beispiel den Flavanolen, die auch in grünem Tee oder Blaubeeren vorkommen. Ebenso wie bei den Nibs kann man milderes rohes oder intensiver schmeckendes geröstetes Kakaopulver kaufen. Zu Kakaonibs siehe auch Seite 157.

Blaubeer-Bananen-Nice-Cream mit Pistazien

Zubereitungszeit 10 Minuten
plus mind. 4 Stunden Gefrieren
Für 2 Portionen

1–2 reife Bananen (150 g Fruchtfleisch)
30 g frische Blaubeeren
20 g grüne Pistazienkerne
einige Minzeblätter
100 ml ungesüßter Kokosdrink (alternativ ungesüßter Mandeldrink oder Haferdrink)
150 g TK-Blaubeeren
30 g weißes Mandelmus
1 Prise Salz
1 TL Lemon Myrtle (alternativ fein abgeriebene Limettenschale)
1–2 TL Limettensaft (5–10 ml)
1 Prise frisch geriebene Tonkabohne (Gesundheitstipp siehe Seite 140)

Nährwerte pro Portion 264 kcal
F 15 g, KH 24 g, B 8 g, EW 7 g

Banane(n) schälen, in 1 cm dicke Scheiben schneiden, in eine Gefrierbox geben und mindestens 4 Stunden, besser über Nacht, ins Gefrierfach stellen. • Kurz vor der Weiterverarbeitung **frische Blaubeeren** abbrausen und abtropfen lassen. **Pistazien** grob hacken, **Minzeblätter** abbrausen und trocken tupfen. • **Kokosdrink** in einen möglichst leistungsstarken Standmixer geben, gefrorene Bananen und **gefrorene Blaubeeren** mit **Mandelmus, Salz, Lemon Myrtle, Limettensaft** und **Tonkabohne** hinzufügen. Die Mixgeschwindigkeit langsam hochfahren, dann auf höchster Stufe so lange mixen, bis eine cremige Konsistenz erreicht ist, die eine „Blume" bildet. • Auf zwei Schalen verteilen, Pistazien darüberstreuen und mit Blaubeeren und Minze garnieren.

DOC FLECKS GESUNDHEITSTIPP

Verglichen mit anderen Früchten enthalten vor allem reifere **Bananen** zwar viel Fruchtzucker, aber die Banane vermag Positives: Sie wirkt durch den Einfluss auf die sogenannte Methylierung positiv auf die menschliche Epigenetik. Die Methylierung der DNA steuert die Aktivität der Gene. – In den innovativen Rezepten dieses Buches kommen weder raffinierter Zucker noch Zuckerersatzstoffe vor. Hier bietet sich die Banane in einigen Rezepten als süßende und konsistenzgebende exquisite Zutat an. Bananen sind reich an Kalium und Magnesium, die wir vor allem für Muskeln, Herz und Nerven brauchen. Auch schützen sie vor Nierenerkrankungen. Die enthaltene resistente Stärke und das Pektin unterstützen die Darmgesundheit und helfen bei Durchfall. Bananen können auch die Laune verbessern und das Einschlafen erleichtern. Ihr Tryptophan wird im Körper erst in das Glückshormon Serotonin und dann in Melatonin umgewandelt, das als Einschlafhormon bekannt ist.

EXKURS Nüsse und Kerne

Lange waren sie zu Unrecht als fettreiche Kalorienbomben verschrien. Inzwischen weiß man, dass es sich dabei um ausgesprochen gesunde, lebensnotwendige Fette handelt, nämlich um einfach und mehrfach ungesättigte Fettsäuren. Nüsse und Kerne sind zudem eiweiß- und ballaststoffreich und enthalten viel Magnesium und B-Vitamine. Eine Menge von 25 g täglich kann vor vielen Krankheiten schützen. Ideal ist immer ein Mix aus verschiedenen Nüssen und Kernen, um eine optimale Nährstoffkombination zu erhalten.

Am wertvollsten sind naturbelassene Nüsse ohne Salz. Noch besser kauft man die Nüsse in der Schale und knackt sie nach Bedarf. Geschälte Nüsse und Kerne bewahrt man kühl und lichtgeschützt auf. Ranzig riechende Nüsse müssen umgehend entsorgt werden.

Leider sind Nüsse nicht für jeden gleich gut verträglich. Es gibt potenziell allergische Reaktionen auf Haselnüsse und Walnüsse sowie auf Erdnüsse, die zu den Hülsenfrüchten zählen. Eine gute Alternative bei einer Nussallergie sind Sonnenblumenkerne und Erdmandeln, ein Knollengewächs, das süßlich und nach Haselnüssen schmeckt.

WALNÜSSE

Ihr enorm hoher Gehalt an Omega-3-Fettsäuren (EPA und DHA) macht die Walnuss zu einer der gesündesten Nusssorten. Das enthaltene Kalium sorgt für eine bessere Stresstoleranz. Wertvolles Vitamin E und weitere Antioxidantien schützen vor stillen Entzündungskrankheiten, Krebs und Arteriosklerose mit ihren Folgekrankheiten Herzinfarkt und Schlaganfall. Ein hoher Vitamin-B-Gehalt fördert die Konzentration und aktiviert das Gehirn. Dazu wird die Bildung von Melatonin angeregt, das das Einschlafen erleichtert.

PEKANNÜSSE

Die Pekannuss gehört zur Familie der Walnuss, schmeckt aber süßer und ist weicher in der Konsistenz. Wie alle Nüsse sind Pekannüsse reich an Magnesium, Kalium, Zink und Eisen sowie an B-Vitaminen. Ihr Reichtum an wertvollen Omega-3-Fettsäuren ist beachtlich.

HASELNÜSSE

Der hohe Lecithingehalt sowie reichlich B-Vitamine, Magnesium, Vitamin E und Niacin wirken sich positiv auf Nerven und Gedächtnis aus – Haselnüsse sind damit die perfekte Nervennahrung. Verschiedene Flavonoide sorgen für eine bessere Blutzirkulation und mindern Entzündungen im Körper.

PARANÜSSE

Mit der harten, rauen Schale sind sie nur schwer zu knacken. Sie schmecken süßlich und mandelähnlich. Ihr hoher Gehalt an Selen macht sie außerordentlich wertvoll. Bereits zwei mittelgroße Paranüsse decken den Tagesbedarf an Selen, das die Zellen vor freien Radikalen und damit auch vor Krebs schützt.

SÜSSMANDELN

Meistens kauft man Mandeln mit brauner Haut. Braucht man weiße Mandeln, lässt sich die Haut nach kurzem Blanchieren leicht entfernen. Mandeln enthalten besonders viel Eiweiß, Ballaststoffe, viele Mineralstoffe sowie ungesättigte Fettsäuren.

CASHEWKERNE

Die süßlich-milden Cashews sind weicher als Mandeln. Sie sind Basis für viele vegane Varianten von Käse, Joghurt und Frischkäse. Sie enthalten reichlich B-Vitamine und Vitamin K sowie Kupfer, Zink, Eisen, Magnesium, Betacarotin, Folsäure und Tryptophan, ein Baustein des Glückshormons Serotonin und des Schlafhormons Melatonin. Cashews sind deshalb auch ein optimales Sleep Food.

ERDNÜSSE

Erdnüsse zählen zu den Hülsenfrüchten. Im Winter bekommt man sie frisch geerntet in der Schale. Erdnüsse sind weniger fetthaltig als andere Nüsse, dafür liefern sie viel Protein. Dazu reichlich Magnesium, Zink und verschiedene B-Vitamine.

PISTAZIEN

Diese besonders aromatischen kleinen grünen „Mandeln" bestehen fast zur Hälfte aus hochwertigen ungesättigten Fettsäuren. Zusammen mit dem enthaltenen Kalium senken diese das LDL-Cholesterin und schützen vor Herz-Kreislauf-Erkrankungen. Dazu sind Pistazien reich an Eiweiß, sekundären Pflanzenstoffen und Ballaststoffen.

PINIENKERNE

Die köstlichen kleinen Kerne sind Hauptdarsteller von einem klassischen Pesto Genovese. Sie schmecken mandelähnlich und süß. Durch trockenes Rösten in der Pfanne wird ihr Aroma gesteigert. Pinienkerne enthalten reichlich Phosphor, das wichtig für die Knochen und den Zellaufbau ist.

MACADAMIANÜSSE

Die hartschaligen Nüsse sind äußerst schwer zu knacken, weshalb man sie besser geschält und geröstet kauft. Macadamias sind exquisite Lieferanten von Omega-3-Fettsäuren und schmecken angenehm süßlich. Sie enthalten neben anderen Mineralstoffen besonders viel Selen, das vor Krebs schützt und die gesunde Schilddrüsenfunktion reguliert.

KÜRBISKERNE

Kürbiskerne liefern etwas weniger Fett als andere Nüsse und Kerne, dafür haben sie den höchsten Eiweißgehalt. Die enthaltene Linolsäure reguliert den Cholesterinspiegel und die enthaltenen Phytosterine wirken bei Männern vorbeugend bei Prostata- und Blasenleiden. Der hohe Gehalt an Magnesium reguliert den Blutdruck und stärkt Knochen, Muskulatur, Nervensystem und Konzentration.

SONNENBLUMENKERNE

Sie enthalten reichlich Eiweiß und hauptsächlich ungesättigte Fettsäuren, dazu lebenswichtiges Eisen zur Blutbildung und Phosphor, das im Zusammenspiel mit Calcium für gesunde Knochen sorgt. Eine Handvoll Sonnenblumenkerne deckt den Tagesbedarf an Vitamin E. Durch Rösten wird ihr Geschmack nussiger.

NAME	KCAL	F	KH	B	EW
Cashewkerne	599	53,0	23,0	4,0	30,0
Erdnusskerne	564	49,0	8,0	12,0	26,0
Haselnusskerne	644	62,0	11,0	8,0	12,0
Kürbiskerne	574	46,0	3,0	9,0	33,0
Macadamianusskerne	703	73,0	4,0	11,0	8,0
Mandelkerne	589	54,0	5,0	14,0	22,0
Paranusskerne	697	68,0	4,0	5,0	17,0
Pekannusskerne	703	72,0	4,0	10,0	9,0
Pinienkerne	674	60,0	22,0	1,0	13,0
Pistazienkerne	580	52,0	12,0	11,0	18,0
Sonnenblumenkerne	580	49,0	12,0	6,0	23,0
Walnusskerne	663	63,0	11,0	6,0	14,0

Bowl mit gekeimtem Buchweizen, Himbeeren und Pekannüssen

Zubereitungszeit 10 Minuten
plus 2 Tage Keimen
Für 2 Portionen Basisrezept

150 g Mandeljoghurt
20 g weißes Mandelmus
1 Prise Salz
1 Msp. gemahlene Vanille
150 g gekeimter Buchweizen (aus 75 g Buchweizenkörnern; siehe unten)
125 g Himbeeren
25 g Pekannusskerne

Nährwerte pro Portion
Veganes Basisrezept: 337 kcal
F 18 g, KH 34 g, B 6 g, EW 8 g
Cremige Variante: 354 kcal
F 16 g, KH 41 g, B 8 g, EW 9 g

Veganes Basisrezept

Mandeljoghurt mit **Mandelmus, Salz** und **Vanillepulver** glatt rühren. Dann mit den **Buchweizenkeimlingen** mischen und in zwei Schalen geben. • **Himbeeren** abbrausen, vorsichtig trocken tupfen und zusammen mit den **Pekannüssen** auf den Portionen verteilen.

Cremige Variante mit Banane und Kakao

Zubereitungszeit 15 Minuten

1 mittelgroße Banane schälen (etwa 100 g Fruchtfleisch), in Scheiben schneiden und mit **150 g gekeimtem Buchweizen** im Blitzhacker zu einer quarkähnlichen Konsistenz pürieren. **5 g dunkles Kakaopulver** untermischen, mit **1 Prise Salz** und **1 Msp. Vanillepulver** würzen und auf zwei Schalen verteilen. **20 g weißes Mandelmus** in Streifen darüberträufeln. **125 g Himbeeren** abbrausen, vorsichtig trocken tupfen und mit **25 g Pekannüssen** über die Portionen geben.

DOC FLECKS GESUNDHEITSTIPP

Anders als sein Name vermuten lässt, ist **Buchweizen** keine Weizenvariante, sondern ein glutenfreies Pseudogetreide. Buchweizen ist gesundheitlich enorm wertvoll, denn er enthält viele wichtige Nährstoffe wie Calcium, Kalium, Eisen, Zink und reichlich Magnesium. Mit 100 g Buchweizen kann man bereits seinen Tagesbedarf an Magnesium decken. Zudem enthält er die Vitamine E und B sowie Folsäure und Betacarotin. Durch Keimung werden Gehalt und Wirkung der Vitalstoffe deutlich gesteigert (siehe Seite 114). Alternativ kann man die ganzen oder geschroteten Buchweizenkörner wie Reis oder Porridge kochen. Buchweizenmehl ist außerdem die Hauptzutat für traditionelle russische Blini.

Chia-Blaubeer-Pudding mit Kokoschips

Zubereitungszeit 8 Minuten
plus 10 Minuten Ruhen
und mind. 6 Stunden Quellen
Für 2 Portionen

250 g Blaubeeren
150 ml ungesüßtes Kokoswasser (aus dem Tetrapak)
40 g Chiasamen
1 Prise Salz
1 Msp. frisch geriebene Tonkabohne (Gesundheitstipp siehe Seite 140; alternativ gemahlene Vanille)
150 g Kokosjoghurt
30 g Kokoschips

Nährwerte pro Portion 312 kcal
F 22 g, KH 16 g, B 18 g, EW 7 g

Blaubeeren abbrausen und abtropfen. 150 g Blaubeeren und **Kokoswasser** mit dem Stabmixer fein pürieren. **Chiasamen** einrühren, mit **Salz** und **Tonkabohne** würzen und 10 Minuten ruhen lassen. Noch mal kräftig durchrühren, dann mindestens 6 Stunden, besser über Nacht, im Kühlschrank ausquellen lassen. • Den Chiapudding in zwei Schalen oder Gläser füllen, restliche Blaubeeren und **Kokosjoghurt** daraufgeben und mit **Kokoschips** bestreuen.

DOC FLECKS GESUNDHEITSTIPP

Pures **Kokoswasser** stammt aus den jungen, noch grünen Kokosnüssen und ist reich an Kalium, Magnesium, Calcium, Natrium und vielen Antioxidantien. Damit sorgt es für einen ausgeglichenen Elektrolythaushalt. Für Sportler ist es ein gesunder Ersatz für isotonische Getränke, die oft mit Zucker oder Zuckerersatzstoffen und künstlichen Aromen den positiven Effekt zunichtemachen. Kokoswasser ist eine ideale Basis für Smoothies, denen es einen zarten Kokosgeschmack verleiht. Dabei liefert es vergleichsweise wenige Kalorien. Die Angaben variieren zwischen 10 und 19 kcal pro 100 ml Kokoswasser.

Zoats mit Kakao, Leinsamen und Banane

Zubereitungszeit 20 Minuten
Für 2 Portionen

200 ml ungesüßter Haferdrink
50 g kernige Haferflocken
Salz
200 g feste Zucchini
20 g Leinsamen, frisch geschrotet
20 g Haselnussmus (alternativ Cashewmus oder weißes Mandelmus)
3 TL dunkles Kakaopulver (10 g; Gesundheitstipp siehe Seite 143)
1 Msp. gemahlene Vanille
100 g Aprikosen (alternativ 1 kleiner Apfel)
1 mittelgroße Banane (100 g Fruchtfleisch; Gesundheitstipp siehe Seite 144)

Nährwerte pro Portion
Veganes Basisrezept: 346 kcal
F 16 g, KH 36 g, B 11 g, E 13 g
Flexitarisches Extra: 107 kcal
F 5 g, KH 4 g, B 0 g, EW 11 g

Veganes Basisrezept

Haferdrink, Haferflocken, eine gute Prise **Salz** und 100 ml Wasser in einem Topf mischen, unter Rühren aufkochen, dann abgedeckt bei sehr niedriger Hitze 5–8 Minuten quellen lassen. • Inzwischen **Zucchini** waschen, mittelgrob raspeln, mit den **Leinsamen** in die Haferflockenmischung rühren und darin erwärmen. Falls nötig, etwas mehr Wasser zugießen. **Haselnussmus** und **Kakaopulver** einrühren, mit **Salz** und **Vanille** abschmecken und in zwei Schalen geben. • **Aprikosen** waschen, entsteinen und in Stücke schneiden. **Banane** schälen, in dünne Scheiben schneiden und die Zoats-Schalen mit den Früchten garnieren. Warm oder abgekühlt servieren.

Flexitarisches Extra: Skyr mit Leinöl

Zubereitungszeit 5 Minuten

200 g Skyr (alternativ Magerquark) mit **1 EL Leinöl, 1 Prise Salz** und **2 Msp. gemahlener Vanille** glatt rühren und auf die Zoats-Portionen geben. Dann wie im Basisrezept angegeben mit den Früchten garnieren.

TIPP Zoats sind Zucchini-Oats oder Zucchini-Haferflocken, auch Zucchini-Porridge genannt. Für Infos zu Omega-3-Fettsäuren aus Leinöl, Hanföl etc. siehe Seite 69.

Süßkartoffel-Apfel-Pancakes mit Cashewcreme und Himbeeren

Zubereitungszeit 20–25 Minuten
plus 15–20 Minuten Garen
Für 2 Portionen

1 kleine Süßkartoffel (geschält 200 g)
30 g Cashewmus
100 g Cashewjoghurt
Salz
1 Prise frisch gemahlener Kardamom
125 g Himbeeren
75 g ungesüßtes Apfelmark (alternativ 1 fein geriebener Apfel)
35 g Reismehl
¼–½ TL gemahlener Ceylonzimt
20 g Kokosöl

Nährwerte pro Portion 391 kcal
F 19 g, KH 46 g, B 8 g, EW 7 g

Süßkartoffel schälen, würfeln, in einen Topf geben, mit Wasser bedecken und 15–20 Minuten weich kochen. Dann abgießen und ausdampfen lassen. • Inzwischen das **Cashewmus** mit **Joghurt** glatt rühren und mit einer Prise **Salz** und **Kardamom** würzen. **Himbeeren** abbrausen und vorsichtig trocken tupfen. Beides beiseitestellen. • Süßkartoffeln und **Apfelmark** in einen Mixbecher geben und mit dem Stabmixer fein pürieren. 20 g **Reismehl** untermischen, mit etwas **Salz** und **Zimt** würzen, das eher feste Püree zu sechs Kugeln formen und diese zu 7–8 cm großen Pancakes flach drücken. • 10 g **Kokosöl** in einer großen Pfanne erhitzen. Restliches **Reismehl** auf einen Teller streuen, die Pancakes von beiden Seiten ins Reismehl drücken und im heißen Öl 2–3 Minuten erst bei hoher, dann bei gut mittlerer Hitze goldbraun braten. Restliches **Kokosöl** in die Pfanne geben, die Pancakes wenden und weitere 2–3 Minuten braten. • Pancakes auf zwei Teller verteilen, die Cashewcreme in Klecksen daraufsetzen und mit den Himbeeren garnieren.

DOC FLECKS GESUNDHEITSTIPP

Reines **Apfelmark** besteht zu 100 Prozent aus Äpfeln und enthält nur den fruchteigenen Zucker reifer Äpfel. Apfelmus ist hingegen zusätzlich mit Zucker gesüßt. Wer wenig Zeit hat, sollte als Ersatz für frische Äpfel ein paar kleine Gläser Apfelmark als Vorrat im Haus haben. Wie bei anderen Produkten auch sollte man immer darauf achten, Bioware zu kaufen. Wegen seiner feinen Konsistenz ist Apfelmark ideal für schnelle Desserts, Saucen, Dips oder Frühstücks-Bowls. Besser ist es natürlich, frische Äpfel zu schälen und fein zu reiben.

Weiße-Bohnen-Creme mit Datteln, Kakao und Blaubeeren

Zubereitungszeit 10 Minuten
Für 2 Portionen

40 g entsteinte getrocknete Datteln
1 Dose weiße Bohnen, abgetropft (240 g Abtropfgewicht)
100 ml Hafer Cuisine (alternativ Reis Cuisine)
20 g dunkles Kakaopulver (Gesundheitstipp siehe Seite 143)
1–2 Prisen Salz
1 Msp. gemahlene Vanille
150 g Blaubeeren
20 g Kakaonibs
20 g Pekannusskerne

Nährwerte pro Portion 328 kcal
F 10 g, KH 41 g, B 18 g, EW 13 g

Die **Datteln** klein schneiden und mit **Bohnen** und **Hafer Cuisine** im Blitzhacker oder Mixer oder mit dem Stabmixer fein pürieren. **Kakaopulver** unterrühren und mit **Salz** und **Vanille** abschmecken. • Die Creme in zwei Schalen geben. **Blaubeeren** abbrausen, trocken tupfen und darauf verteilen. Mit **Kakaonibs** und **Pekannüssen** garnieren.

DOC FLECKS GESUNDHEITSTIPP

Da **Kakaonibs** aus den puren Kakaobohnen bestehen, sind sie deutlich gesünder als die meisten Schokoladen (Ausnahmen sind Schokoladen mit einem Kakaogehalt von 99 bis 100 Prozent). Die Kakaobohnen werden nach der Ernte schonend getrocknet, fermentiert, geröstet oder roh belassen und zu Nibs zerkleinert. Je nach Herkunft und Verarbeitung ist der Geschmack fruchtig bis säuerlich und dabei herb bis bitter. Tryptophan – eine Vorstufe für Serotonin – sorgt für gute Laune, während Theobromin anregend wirkt. Kakaonibs enthalten außergewöhnlich viel Magnesium, das wichtigste Stressmineral: 450 mg auf 100 g Nibs. Dazu 160 mg Calcium und 18 g Ballaststoffe.

Haferflocken-Frühstückswaffeln

Zubereitungszeit 10 Minuten
plus 10 Minuten Quellen
und 10–14 Minuten Backen
Ergibt 4 Stück

- 100 g Haferflocken (oder Hafermehl)
- 2 TL Guarkernmehl (7 g; Gesundheitstipp siehe Seite 139)
- 1 TL Backpulver (5 g)
- ¼ TL Salz
- 200 ml ungesüßter Haferdrink
- 1 ½ EL Apfelessig (15 ml; Gesundheitstipp siehe Seite 166)
- 4 EL natives Olivenöl extra (40 ml)

Außerdem
belgisches Waffeleisen (für 2 Waffeln; alternativ anderes Waffeleisen)

Nährwerte pro Waffel/Portion
Veganes Basisrezept: 208 kcal
F 13 g, KH 18 g, B 4 g, EW 4 g
Flexitarisches Extra: 179 kcal
F 10 g, KH 7 g, B 2 g, EW 15 g

Veganes Basisrezept

Haferflocken im Mixer zu Mehl verarbeiten (oder Hafermehl verwenden). **Guarkernmehl** und **Backpulver** dazusieben und mit **Salz** vermischen. • In einer zweiten Schüssel **Haferdrink, Apfelessig** und 1 EL **Öl** mischen. Mit den Knethaken des Handrührgeräts die trockene Mischung einarbeiten und 10 Minuten quellen lassen. Der Teig ist nicht typisch dickflüssig, sondern eher fest. • Inzwischen das Waffeleisen auf höchster Stufe vorheizen. Die Formen mit etwas vom restlichen **Öl** ausstreichen. Den recht klebrigen Teig in vier Portionen teilen und mit leicht nassen Fingern etwas vorformen. Mithilfe eines nassen Löffelrückens in die Formen drücken, mit etwas **Öl** bestreichen, das Waffeleisen schließen und 6–7 Minuten backen, dabei nach 5 Minuten den Bräunungsgrad vorsichtig prüfen. Die Waffeln werden außen knusprig und innen weich. • Mit restlichem Teig und restlichem **Öl** auf die gleiche Weise zwei weitere Waffeln backen.

Flexitarisches Extra: Karottenquark

Zubereitungszeit 10 Minuten

120 g Karotten schälen und fein raspeln. **200 g Magerquark** mit **2 EL Leinöl,** etwas **Kräutersalz, grünem Pfeffer aus der Mühle, 1 TL abgeriebener Zitronenschale** und **1 TL Zitronensaft** glatt rühren und mit den Karotten mischen. **½ kleines Bund Schnittlauch** (10 g) abbrausen, trocken schütteln, in feine Röllchen schneiden und unterheben. Karottenquark als Topping zu den Waffeln servieren.

TIPPS Für das Topping kann das Leinöl mit etwas Algenöl gemischt werden, um eine noch bessere Omega-3-Bilanz zu erhalten. Weitere Infos dazu gibt es auf Seite 68. – Zu den Waffeln passen auch sehr gut Joghurtalternativen und frische Früchte oder die pikanten Aufstriche (siehe Seite 176). Sie schmecken außerdem lecker als Ergänzung zu unseren Suppen und Salaten. Man kann mehrere Waffeln sehr gut auf Vorrat backen, einfrieren und nach dem Auftauen im Toaster rösten.

Smoothies

Alle Smoothies werden im Standmixer – vorzugsweise einem Hochleistungsmixer – zubereitet. Die Zutaten in der Reihenfolge wie im Rezept einfüllen: zuerst die zuvor verlesenen, geputzten, gewaschenen und grob zerkleinerten Salate und Kräuter, danach das je nach Sorte gewaschene, geschälte oder ungeschälte und/oder entkernte Obst und Gemüse, dann weichere Zutaten wie Avocado oder Banane und die pulverförmigen Zutaten hineingeben. Zum Schluss die Flüssigkeit und Öl zugießen. Zunächst auf niedriger Stufe mixen, dann nach und nach auf höherer Stufe und schließlich 30 Sekunden auf höchster Stufe mixen. Je nach gewünschter Konsistenz etwas Wasser hinzufügen. Die Grammangaben entsprechen den bereits vorbereiteten Zutaten.

Green-Banana-Smoothie

Für 2 Portionen • Zubereitungszeit 15 Minuten

100 g frischer Blattspinat, 20 g Ingwer, 120 g Banane, 4 TL resistentes Dextrin (10 g; oder Akazienfasern), **1 Prise Salz, 3 EL Limettensaft, 330 ml ungesüßtes Kokoswasser** (Tetrapak), **1 EL natives Olivenöl extra** und **½ TL Algenöl** wie oben beschrieben mixen und möglichst frisch verzehren.

Nährwerte pro Portion: 181 kcal, F 8 g, KH 21 g, B 9 g, EW 5 g

TIPP Nach Belieben zusätzlich 1 TL Chlorella-Pulver (5 g; oder Spirulina-Pulver) mit hineinmixen.

Bitter-Red-Smoothie

Für 2 Portionen • Zubereitungszeit 10 Minuten

75 g Radicchio, 125 g Orange, 20 g Ingwer, 50 g Banane, 50 g Avocado, 4 TL resistentes Dextrin (10 g; oder Akazienfasern), **1 Prise Salz, 3 EL Zitronensaft, 250 ml Rote-Bete-Saft** und **1 TL Walnussöl** (alternativ Leinöl oder Olivenöl) wie oben beschrieben mixen und möglichst frisch verzehren.

Nährwerte pro Portion: 197 kcal, F 9 g, KH 23 g, B 8 g, EW 3 g

Ananas-Sellerie-Smoothie

Für 2 Portionen • Zubereitungszeit 10 Minuten

170 g Stangensellerie, 150 g Ananas, 150 g Orange, 10 g Ingwer, ½ entkernte rote Chilischote (10 g), **4 TL Akazienfasern** (10 g), **1 TL gemahlene Kurkuma, 1 Prise Salz, 2 EL Limettensaft** und **1 EL natives Olivenöl extra** wie auf Seite 160 beschrieben mixen und möglichst frisch verzehren.

Nährwerte pro Portion: 161 kcal, F 6 g, KH 22 g, B 9 g, EW 3 g

„Grün hoch 4"-Smoothie

Für 2 Portionen • Zubereitungszeit 10 Minuten

60 g Grünkohl, 10 g glatte Petersilie, 20 g Ingwer, 100 g Ananas, 50 g Kohlrabi, 1 TL Chlorella-Pulver (5 g; oder Spirulina-Pulver), **1 Prise Salz, 3 EL Zitronensaft, 330 ml ungesüßtes Kokoswasser** (Tetrapak), **1 EL natives Olivenöl extra** und **½ TL Algenöl** wie auf Seite 160 beschrieben mixen und möglichst frisch verzehren.

Nährwerte pro Portion: 173 kcal, F 9 g, KH 16 g, B 9 g, EW 5 g

TIPP Nach Belieben zusätzlich 4 TL resistentes Dextrin (10 g; oder Akazienfasern) mit hineinmixen.

EXKURS Ballaststoffe aus der Nahrung und zur Ergänzung

Ballaststoffe aus der Nahrung sind elementar für unsere Gesundheit und unsere Verdauung. Man unterscheidet zwischen löslichen und unlöslichen Ballaststoffen. Obst und Gemüse enthält überwiegend lösliche, Getreide und Hülsenfrüchte überwiegend unlösliche Ballaststoffe in Form von Zellulose oder Lignin. Zusammen ergeben sie den Gesamtballaststoffgehalt. Lösliche Ballaststoffe binden Wasser und dienen den Darmbakterien als wichtige Nahrung. Unlösliche erhöhen das Stuhlvolumen, bringen die Darmaktivität in Schwung und werden wieder ausgeschieden.

Die meisten Menschen hierzulande kommen auf gerade mal 20 g Ballaststoffe täglich aus den Mahlzeiten. Für einen gesunden Darm benötigen wir aber mindestens 30 g – besser sogar 40 g. Mit einer pflanzenbasierten Ernährung sollte man dieses Ziel problemlos erreichen. Ein bunter Mix aus Gemüse, Obst, Hülsenfrüchten, Vollkorngetreide und Nüssen ist die beste Voraussetzung – auch im Hinblick auf die Vielfalt an Vitaminen und Pflanzenstoffen.

Aber sogar trotz pflanzenreicher Ernährung können Defizite an Ballaststoffen auftreten. Tomaten und Zucchini beispielsweise liefern nur wenige Ballaststoffe, Tofu und pflanzliche Joghurtalternativen so gut wie keine. Und man möchte ja auch nicht jeden Tag Unmengen von Nüssen oder Hülsenfrüchten zu sich nehmen, die außerdem nicht von jedem Menschen gleichermaßen gut vertragen werden.

Doch es gibt ein paar innovative Ballaststofflieferanten, die sich im Alltag mühelos in Ihre Mahlzeiten integrieren lassen.

Leicht zu ergänzen sind pulverförmige wasserlösliche Ballaststoffe, die in Suppen, Smoothies oder vegane Joghurtalternativen eingerührt werden können. Es gibt viele Pulver, die aus verschiedenen Zutaten kombiniert sind. Kommt es zu einer Unverträglichkeit, kann man schwer ausmachen, welcher Bestandteil ursächlich Probleme bereitet. Deshalb an dieser Stelle einige pure Produkte:

INULIN

Das Präbiotikum ist ein wertvolles Futter für die nützlichen Darmbakterien wie die Bifidobakterien und sorgt so für eine gesunde Darmflora. Durch seinen Quelleffekt hilft es bei Verstopfung, wirkt gegen chronische Darmentzündungen und beugt Diabetes vor. Inulin kommt unter anderem in Schwarzwurzeln und Topinamburen vor – beide zählen mit etwa 12 g zu den ballaststoffreichsten Gemüsesorten. Auch Zicchorienwurzeln (eng verwandt mit Chicorée und Radicchio), Knoblauch, Zwiebeln und Artischocken enthalten reichlich Inulin.

Inulinpulver schmeckt süß, weil es aus Fructose besteht, die jedoch nicht verdaut und verwertet wird. Dennoch sollen Menschen mit einer Fructoseintoleranz Inulin besser meiden. Inulin kann zu Blähungen führen, die sich bei regelmäßiger Einnahme jedoch reduzieren. Empfindliche Personen wählen besser Alternativen.

Nährwerte (100 g): 120 kcal, 0 g F, 0 g E, 8 g KH, 92 g B

ZICHORIENKAFFEE

Auch als „Muckefuck“ bekannt ist Zichorienkaffee nicht nur vorteilhaft für Menschen, die auf Koffein verzichten möchten, sondern ein wohlschmeckendes Getränk, das gleichzeitig Inulin aus der Zichorienwurzel liefert.

Im Gegensatz zum Inulinpulver verursacht Zichorienkaffee in der Regel keine Blähungen.

Nährwerte (100 g Instant-Zicchorienkaffee):
297 kcal, 0,5 g F, 4 g E, 48 g KH, 43 g B

AKAZIENFASERN

Deutlich bekömmlicher als Inulin sind Akazienfasern, allerdings auch etwas teurer. Sie lassen sich exzellent verdauen. Diese spannenden und zunehmend beliebten Ballaststoffe werden aus dem getrockneten Milchsaft einer Akazienart gewonnen und zählen wie Inulin und Glucomannan zu den präbiotischen löslichen Ballaststoffen. Auch hier

sorgt der Quelleffekt für eine Verbesserung der Verdauung. Der Geschmack ist eher neutral.
Nährwerte (100 g): 199 kcal, 0 g F, 2,5 g E, 0 g KH, 85 g B

RESISTENTES DEXTRIN

Resistente Stärke ist ein Abbauprodukt von Stärke und zum Beispiel in gekochten und abgekühlten Kartoffeln, Reis oder Nudeln enthalten. Resistentes Dextrin in Pulverform wird unter anderem aus nicht genmanipuliertem Mais gewonnen. Es füttert die Bifido- und Laktobakterien im Darm, sorgt für eine verbesserte Darmflora, senkt den Insulinspiegel und reduziert die Fettwerte in der Leber. Das Pulver schmeckt dezent süßlich und ist gut bekömmlich.
Nährwerte (100 g): 200 kcal, 0 g F, 0 g E, 5 g KH, 90 g B

GLUCOMANNAN

Glucomannan wird aus der asiatischen Konjakwurzel gewonnen. Das stark quellende Pulver kann mit Wasser sein Volumen bis auf das 17-Fache erhöhen. Aus der Konjakwurzel werden beispielsweise Low-Carb-Nudeln („Shirataki") hergestellt, die gerade mal 5 kcal pro 100 g haben, allerdings sind sie ohne jeden Eigengeschmack.
Nährwerte (100 g): 187 kcal, 0 g F, 1 g E, 0 g KH, 92 g B

Weitere ballaststoffreiche Lebensmittel

CHIASAMEN

Chiasamen gelten als Superfood, denn neben den enthaltenen Ballaststoffen enthalten sie viel Eiweiß und Omega-3-Fettsäuren. Herausragend ist ihr hoher Calciumgehalt. Die Empfehlung, nicht mehr als 15 g Chia täglich zu sich zu nehmen, hat ihren Grund darin, dass es sich um ein in Europa erst seit wenigen Jahren erhältliches Lebensmittel handelt und ausreichende Erfahrungswerte fehlen. In den USA liegt die Grenze bei 48 g. Chiasamen quellen in Wasser zu einem etwas klebrigen Gel, auch Chia-Pudding genannt. Der Geschmack ist allerdings neutral. Das Gel kann in der veganen Küche Eier ersetzen, zum Beispiel beim Brotbacken.
Nährwerte (100 g): 444 kcal, 31 g F, 21 g E, 5 g KH, 37 g B

LEINSAMEN

Nicht weniger wertvoll als Chiasamen sind Leinsamen – mit dem großen Vorteil, dass sie regional wachsen. Neben Ballaststoffen enthalten sie Omega-3-Fettsäuren, Eiweiß und viele Mineralstoffe sowie Vitamine. In Wasser bilden sie eine Schleimschicht. Wegen ihrer quellenden und bindenden Wirkung sollten sie mit viel Wasser zu sich genommen werden. Am besten kauft man ganze Samen und schrotet oder mahlt sie frisch in der benötigten Menge. Low-Carb-Leinmehl ist fein gemahlen und teilentfettet.
Nährwerte (100 g): 376 kcal, 31 g F, 24 g E, 0 g KH, 35 g B

FLOHSAMENSCHALEN

Sie binden ebenfalls große Mengen Wasser und haben ein entsprechend hohes Quellvermögen. Sie sind ein guter Bestandteil von Broten, die ohne bindendes Gluten hergestellt werden. Menschen, die aufgrund bestimmter Herz- oder Nierenerkrankungen nicht viel trinken dürfen, sollten Flohsamenschalen nicht verwenden.
Nährwerte (100 g): 208 kcal, 1 g F, 2 g E, 2 g KH, 84 g B

TIPP Überfordern Sie sich nicht, wenn Sie bisher eher ballaststoffarm gelebt haben. Achten Sie auf Ihre individuelle Verträglichkeit. Bei einer erhöhten Ballaststoffzufuhr sollten Sie unbedingt auf eine ausreichende Trinkmenge achten, das heißt 30 bis 40 ml pro Kilogramm Körpergewicht.

Dunkles Kürbiskern-Nuss-Brot

Zubereitungszeit 25 Minuten
plus 100–105 Minuten Backen
Ergibt 1 Brot (ca. 700 g)

70 g graue Chiasamen
50 g braune Leinsamen
100 g braunes Low-Carb-Mandelmehl
30 g gemahlene Flohsamenschalen
10 g Salz
100 g ungeschälte Mandelkerne
50 g Walnusskernhälften
100 g Kürbiskerne
3 EL Walnussöl (30 ml)

Nährwerte
100 g: 378 kcal
F 29 g, KH 3 g, B 18 g, EW 20 g
1 Scheibe (à 25 g): 95 kcal
F 7 g, KH >1 g, B 4 g, EW 5 g

Chiasamen mit 300 ml heißem Wasser (etwa 60 °C) übergießen, mehrfach umrühren und bis zur Verwendung quellen lassen. • **Leinsamen** im Blitzhacker fein mahlen und mit **Mandelmehl, Flohsamenschalen** und **Salz** in einer Schüssel mischen. **Mandeln** und **Walnüsse** grob hacken und mit **Kürbiskernen** untermischen. • Den Backofen auf 175 °C Umluft vorheizen. Eine Kastenform (etwa 24 × 11 cm) mit Backpapier auslegen. • Die gequollenen Chiasamen mit den Knethaken des Handrührgeräts in die trockene Mischung einarbeiten und 3–4 Minuten kneten. **Öl** zugießen und 1 Minute weiterkneten. Dann den krümeligen Teig mit den Händen gut durchkneten und in die Form geben. Fest andrücken, mit angefeuchteten Händen glätten und im vorgeheizten Ofen (Mitte) 90 Minuten backen. Nach der Hälfte der Backzeit die Form drehen, damit das Brot gleichmäßig backt. • Den Ofen ausschalten und das Brot 10–15 Minuten nachgaren lassen. Herausnehmen, aus der Form heben und auf einem Kuchengitter vollständig auskühlen lassen.

TIPPS Das Brot geht beim Backen kaum auf, dadurch ist es flacher und kompakter. Es ist durch die vielen Nüsse und Kerne sehr gehaltvoll und sättigend. Deshalb in dünne Scheiben à etwa 25 g schneiden. Als Ganzes im Kühlschrank aufbewahren oder in Scheiben schneiden und zwischen Lagen von Backpapier in eine Clipbox füllen, einfrieren und portionsweise entnehmen.

Helles Eiweißbrot

Zubereitungszeit 30 Minuten
plus mind. 100 Minuten Backen
Ergibt 1 Brot (ca. 1 kg)

125 g weiße oder graue Chiasamen
100 g goldene Leinsamen
125 g Lupinenmehl
75 g Reisproteinpulver (ohne Zusätze)
25 g gemahlene Flohsamenschalen
10 g Salz
1 Pck. Backpulver (15 g)
125 g geschälte Hanfsamen
4 EL natives Olivenöl extra (40 ml)
2 EL Apfelessig (20 ml)

Nährwerte
100 g: 294 kcal
F 19 g, EW 20 g, KH 2 g, B 14 g
1 Scheibe (à 35 g): 103 kcal
F 7 g, KH <1 g, B 5 g, EW 7 g

Chiasamen mit 500 ml heißem Wasser (etwa 60 °C) übergießen, mehrfach umrühren und bis zur Verwendung quellen lassen. • **Leinsamen** im Blitzhacker fein mahlen und mit **Lupinenmehl, Reisproteinpulver, Flohsamenschalen** und **Salz** in einer Schüssel mischen. **Backpulver** dazusieben und mit den **Hanfsamen** untermischen. • Den Backofen auf 175 °C Umluft vorheizen. Eine Kastenform (etwa 24 × 11 cm) mit Backpapier auslegen. • **Öl** mit **Apfelessig** mischen und in die gequollenen Chiasamen rühren. Mit den Knethaken des Handrührgeräts in die trockene Mischung einarbeiten und 3–4 Minuten kneten. Dann mit den Händen gründlich durchkneten und in die Form geben. Fest andrücken, mit angefeuchteten Händen glätten und im 2-cm-Abstand diagonal einritzen. • Im vorgeheizten Ofen (Mitte) 100 Minuten backen. Nach der Hälfte der Backzeit die Form drehen, damit das Brot gleichmäßig backt. Anschließend eine Stäbchenprobe machen und eventuell noch weitere 10 Minuten backen. • Herausnehmen, das Brot aus der Form heben und auf einem Kuchengitter vollständig auskühlen lassen.

TIPP Im Kühlschrank aufbewahren oder in Scheiben schneiden, zwischen Lagen von Backpapier in eine Clipbox füllen, einfrieren und portionsweise entnehmen.

DOC FLECKS GESUNDHEITSTIPP

Bei seinem Entstehungsprozess behält **Apfelessig** durch Gärung und Fermentation nicht nur die ursprünglichen Nährstoffe des Apfels, sondern bekommt zusätzliche Vitamine, Mineralstoffe, Spurenelemente und Enzyme wie die Vitamine A, B_1, B_2, B_6 und C, Eiweiße sowie Betacarotin. Ein Glas Wasser mit etwas Apfelessig morgens getrunken, soll den Stoffwechsel anregen, entsäuernd wirken und den Insulinspiegel günstig beeinflussen. Im Brotteig reagiert Apfelessig mit Backpulver und macht das Brot luftiger. Außerdem wird das Brot länger haltbar.

Knuspriges Körner-Knäckebrot

Zubereitungszeit 20 Minuten
plus 10 Minuten Quellen
und 55 Minuten Backen
Ergibt 16 Scheiben (ca. 400 g)

70 g braune oder goldene Leinsamen
50 g Kürbiskerne
40 g graue oder weiße Chiasamen
50 g ungeschälte Sesamsaat
50 g Sonnenblumenkerne
30 g Buchweizenkörner
100 g Kichererbsenmehl
10 g Salz
3 EL natives Olivenöl extra (30 ml)

Nährwerte
100 g: 520 kcal
F 36 g, KH 20 g, B 18 g, EW 22 g
1 Scheibe (à 25 g): 130 kcal
F 9 g, KH 5 g, B 4 g, EW 6 g

Den Backofen auf 160 °C Umluft vorheizen. Zwei Backbleche mit Backpapier auslegen. • **Leinsamen** im Blitzhacker mahlen. **Kürbiskerne** im Blitzhacker grob hacken und beides mit den restlichen **trockenen Zutaten** vermengen. 275 ml Wasser auf 60 °C erhitzen, mit dem **Öl** mischen und mit dem Knethaken des Handrührgeräts in die trockene Mischung einarbeiten. 10 Minuten quellen lassen. • Den Teig halbieren und jeweils auf die Backbleche geben. Mit Backpapier abdecken und den Teig bis knapp an den Rand der Bleche sehr gleichmäßig und mit möglichst geraden Kanten ausrollen. Backpapier abziehen, mit einem Messer quer und längs halbieren und die Viertel nochmals halbieren. • Im vorgeheizten Ofen 45 Minuten backen, dabei nach der Hälfte der Zeit die Bleche wechseln und drehen, damit das Knäckebrot gleichmäßig bräunt. • Den Ofen ausschalten und das Knäckebrot noch weitere 10 Minuten nachbacken. • Herausnehmen, vom Backpapier lösen, an den vorgeritzten Linien in Stücke brechen und auf einem Kuchengitter vollständig auskühlen lassen. In Clipboxen aufbewahren.

TIPP Den ausgerollten Teig in 32 Stücke teilen und nach dem Backen als Cracker genießen.

DOC FLECKS GESUNDHEITSTIPP

Verglichen mit Weizenmehl hat **Kichererbsenmehl** einen fast doppelt so hohen Eiweißwert, nur wenig mehr als die Hälfte an Kohlenhydraten und dazu reichlich Ballaststoffe – und es ist glutenfrei. Es hat eine starke Bindekraft und eignet sich deshalb in der veganen Küche gut als Ei-Ersatz. Kichererbsenmehl sollte wegen der enthaltenen Lektine nie roh verzehrt werden, sondern nur in gebackener oder gebratener Form als Gebäck, „Omelett“ oder Fladenbrot, siehe pikante Gemüse-Muffins (Seite 170) oder Pfannenbrot (Seite 173).

Pikante Gemüse-Muffins

Zubereitungszeit 25 Minuten
plus 5 Minuten Quellen,
45 Minuten Backen und Abkühlen
Für 6 Stück

120 g Karotten (geschält 100 g)
120 g Pastinake (geschält 100 g)
100 g Hokkaido-Kürbis (entkernt)
100 g Blumenkohlröschen
2 ½ EL natives Olivenöl extra (25 ml)
30 g Chiasamen
1 TL Kala Namak (Gesundheitstipp siehe Seite 41; alternativ Salz)
1 TL Delikatesspaprika
1 TL Currypulver (Gesundheitstipp siehe Seite 35)
schwarzer Pfeffer aus der Mühle
10 g Hefeflocken
1 TL Pilzpulver (nach Belieben; Tipp siehe Seite 56)
1 Bund glatte Petersilie (20 g Blätter)
25 g Kürbiskerne
100 g Kichererbsenmehl (Gesundheitstipp siehe Seite 169)
1 TL Backpulver (5 g)
100 ml ungesüßter Haferdrink
1 EL Apfelessig (10 ml; Gesundheitstipp siehe Seite 166)

Außerdem
6er-Muffinform (besser aus Metall als aus Silikon)

Nährwerte pro Stück/Portion
Veganes Basisrezept: 181 kcal
F 10 g, KH 13 g, B 7 g, EW 8 g
Flexitarisches Extra: 90 kcal
F 6 g, KH 1 g, B 0 g, EW 7 g

Veganes Basisrezept

Karotten und **Pastinake** schälen, grob in Stücke schneiden und im Blitzhacker zu etwas mehr als Reiskorngröße hacken. **Hokkaido** und **Blumenkohl** waschen, trocken tupfen und ebenfalls klein hacken. • 1 ½ EL **Öl** in einer großen Pfanne erhitzen und das gehackte Gemüse darin bei hoher Hitze 5 Minuten rührbraten, damit so viel Feuchtigkeit wie möglich verdampft. **Chiasamen** einrühren, mit **Kala Namak, Gewürzen, Hefeflocken** und nach Belieben **Pilzpulver** kräftig abschmecken und abkühlen lassen. • **Petersilie** abbrausen, trocken tupfen und grob hacken. **Kürbiskerne** ebenfalls grob hacken und beides unter das angebratene Gemüse mischen. • **Kichererbsenmehl** in eine Schüssel geben und das **Backpulver** dazusieben. **Haferdrink** und **Apfelessig** verrühren, zugießen und vermengen. Das Gemüse unter den recht festen klebrigen Teig mischen und 5 Minuten quellen lassen. • Inzwischen den Backofen auf 170 °C Umluft vorheizen. • Die Muffinform mit dem restlichen **Öl** ausstreichen, den Teig in die Mulden füllen und im vorgeheizten Ofen (Mitte) 45 Minuten backen. • Aus dem Ofen nehmen, in der Form etwa 10 Minuten abkühlen lassen, die Muffins herausheben und auf einem Kuchengitter vollständig auskühlen lassen.

Flexitarisches Extra: Frischkäse-Parmesan-Frosting

Zubereitungszeit 10 Minuten

50 g Parmesan fein reiben. Mit **100 g Doppelrahmfrischkäse** und **125 g Magerquark** verrühren und mit dem Stabmixer glatt pürieren. Falls nötig, 1–2 EL Wasser zugeben. Mit **1 TL Delikatesspaprika, 1–2 Msp. Cayennepfeffer**, etwas **Salz** und **schwarzem Pfeffer aus der Mühle** kräftig würzen. In einen Spritzbeutel füllen und die Muffins damit toppen.

Pfannenbrot

Zubereitungszeit 20 Minuten
Für 2 Portionen

50 g Kichererbsenmehl (Gesundheitstipp siehe Seite 169)
10 g Low-Carb-Leinsamenmehl
½ TL Backpulver
2 Prisen Salz
¼ TL gemahlene Kurkuma
½ TL gemahlener Kreuzkümmel (Cumin)
½ TL Schwarzkümmelsamen
1 EL Apfelessig (10 ml; Gesundheitstipp siehe Seite 166)
1 ½ EL natives Olivenöl extra (15 ml)

Nährwerte pro Portion 170 kcal
F 9 g, KH 12 g, B 6 g, EW 7 g

Beide **Mehle** mischen, **Backpulver** dazusieben, dann **Salz** und **Gewürze** untermengen. **Apfelessig** mit 50 ml Wasser verdünnen und mit dem Schneebesen in die trockene Mischung einrühren, die sehr schnell bindet. ½ EL **Öl** einarbeiten. • Den Teig halbieren und zwischen zwei Lagen Frischhaltefolie zu länglichen Ovalen ausrollen (etwa 16 × 10 cm, 5 mm dick). • Eine große Pfanne sehr stark erhitzen. ½ EL **Öl** mit dem Silikonpinsel darin verstreichen, die Fladen hineingeben und 1 Minute bei hoher Hitze und weitere 2–3 Minuten bei gut mittlerer Hitze backen. Mit dem restlichen **Öl** bestreichen, wenden und noch mal 3–4 Minuten backen. Die Fladen schmecken warm und kalt.

TIPP Die Pfannenbrote passen pur zu vielen Suppen und Salaten und schmecken lecker mit den Aufstrichen aus diesem Buch.

DOC FLECKS GESUNDHEITSTIPP

Schwarzkümmelsamen werden vorwiegend in der orientalischen und indischen Küche verwendet. Frisch zerstoßen entwickeln sie ein intensives pfeffriges, lorbeerähnliches und an Oregano erinnerndes Aroma. Der Geschmack ist ebenfalls sehr intensiv, nämlich rauchig, nussig, pfeffrig und herb. Optisch erinnern die Schwarzkümmelsamen an schwarze Sesamsamen und werden häufig miteinander verwechselt, weil beide samtig-schwarz und ähnlich klein sind. Sesam ist aber tropfenförmig und Schwarzkümmel eher kantig. Schwarzkümmel, besonders das daraus gewonnene Öl, soll vielfältige gesundheitliche Wirkungen haben: keimtötend, antiallergen und cholesterinsenkend. Auch gegen Husten und Asthma wird Schwarzkümmelöl eingesetzt.

EXKURS Öle

Gesunde Fette und die Wahl der Fette im Alltag sind für die optimale Ernährung von enormer Bedeutung. Unter den Speiseölen gibt es zunächst die grobe Unterscheidung in kalt gepresste und raffinierte Öle. Bei den raffinierten Ölen wird unter Wärmezufuhr das Öl aus dem entsprechenden Ausgangsprodukt gepresst. Mithilfe von Lösungsmitteln wird aus den übrigen festen Bestandteilen weiteres Öl gewonnen, das nun gereinigt werden muss. Dabei werden nicht nur chemische Rückstände, sondern auch wertvolle Inhaltsstoffe und Aromen entfernt. Raffiniertes Öl ist hochverarbeitet, meist farblos und neutral im Geschmack. Es ist zwar länger haltbar als kalt gepresstes Öl und höher erhitzbar, weist aber keinen gesundheitlichen Mehrwert auf.

Deutlich gesünder und deswegen empfehlenswert ist kalt gepresstes Öl, bei dem ohne Wärmezufuhr das Öl mechanisch aus Samen, Kernen oder Früchten wie Oliven gepresst wird. Feste Bestandteile werden lediglich herausgefiltert oder zentrifugiert. Typisch für diese Öle ist ihre Gelb- oder Grünfärbung und der sortentypische Geruch und Geschmack. Achten Sie im Haushalt auf hochwertige Öle, Ihre Gesundheit wird es Ihnen danken.

OLIVENÖL

Olivenöl wird in Güteklassen eingeteilt. Hierzulande werden meistens „Olivenöl nativ“ und „Olivenöl nativ extra“ angeboten – auch als „Olivenöl extra vergine“ bekannt. Diese höchste Qualitätsstufe bedeutet eine naturbelassene, rein mechanische Kaltpressung unter Ausschluss von Licht, Hitze und Sauerstoff. Je hochwertiger ein Olivenöl ist, desto höher sein Anteil an den besonders gesunden einfach ungesättigten Omega-3-Fettsäuren, die als entzündungshemmend und perfektes Zellfutter gelten. Dazu ist Olivenöl reich an sekundären Pflanzenstoffen, die das Herz-Kreislauf-System schützen. Der Rauchpunkt liegt bei etwa 190 °C und auch bei hohen Temperaturen entstehen keine gefährlichen toxischen Begleitstoffe beim Braten. Somit ist Olivenöl extra vergine nach neuesten Studien auch zum höheren Erhitzen und Braten geeignet. Allerdings zersetzen sich bei hoher Hitze die enthaltenen antioxidativen Stoffe, weshalb zum extrem starken Anbraten andere Öle (zum Beispiel Ghee oder Kokosfett) verwendet werden sollten.

In diesem Buch wird überwiegend Olivenöl extra vergine verwendet. Es ist der perfekte Allrounder für Ihre Küche und passt geschmacklich zu den meisten Rezepten. Sehr milde Olivenöle können auch gut anstelle von edlen und teuren Nussölen eingesetzt werden.

LEINÖL

Das goldgelbe Öl wird aus Leinsamen gewonnen. Es schmeckt nussig und leinsamentypisch etwas herb. Von allen Speiseölen hat es den höchsten Anteil an der Omega-3-Fettsäure Alpha-Linolensäure (ALA), die für den Körper lebenswichtig ist. Leider zersetzt sie sich rasch und das Öl wird ranzig und ungenießbar, weshalb es unbedingt auch unter optimalen Produktionsbedingungen (omega-safe) gepresst werden sollte und bei Anbruch im Kühlschrank aufbewahrt und rasch verbraucht werden muss. Auch Hitze verträgt es nicht. Deshalb darf Leinöl ausschließlich kalt verwendet werden.

Besonders wertvoll ist ein Leinöl, das als Grundlage für Algenöle verwendet wird und dem die wichtigen langkettigen Omega-3-Fettsäuren EPA und DHA zugesetzt wurden. Man kann auch Algenöl auf der Grundlage von Oliven- oder Hanföl einsetzen (siehe Seite 68).

WALNUSSÖL

Das feine blassgelbe Öl aus kalt gepressten Walnüssen wird ausschließlich in der kalten Küche verwendet. Es enthält bis zu 90 Prozent ungesättigte Fettsäuren, darunter fast 15 Prozent Alpha-Linolensäure (ALA), eine lebenswichtige Omega-3-Fettsäure, die dem Körper über die Nahrung zugeführt werden muss. Sie wirkt entzündungshemmend und hat einen positiven Einfluss auf den Blutzuckerspiegel und die Blutfettwerte.

Walnussöl ist sehr empfindlich. Wie Leinöl muss es kühl und dunkel gelagert und nach Anbruch schnell verbraucht werden.

HASELNUSSÖL

Das köstliche Haselnussöl ist besonders intensiv im Geschmack und wird wie Walnussöl ausschließlich in der kalten Küche verwendet. Es enthält wie Walnussöl wertvolle Fettsäuren, darunter einen hohen Anteil an Linolsäure. Auch sein hoher Vitamin-E-Gehalt sowie die Vitamine B und K und die Mineralstoffe Calcium, Schwefel, Kalium und Mangan machen es für die Gesundheit so wertvoll.

KOKOSÖL

Vor einigen Jahren wurde Kokosöl wegen seines hohen Anteils an Laurinsäure als Superfood gelobt. Der Hype ist zwar nicht ohne Einschränkung berechtigt, aber in kleiner Menge ist Kokosöl keineswegs ungesund. Neben seinem zarten Kokosgeschmack, der es ideal für Desserts oder die asiatisch angehauchte Küche macht, hat Kokosöl einen deutlich höheren Rauchpunkt. Positiv zu werten: Beim scharfen Anbraten mit Kokosöl entstehen keine schädlichen Transfette.

ERDNUSSÖL

Erdnussöl hat einen besonders hohen Anteil an Vitamin E, dazu die Vitamine K, B_1 und D. Sein Vorteil liegt darin, dass es sehr stark erhitzt werden kann, womit es für starkes Anbraten und Frittieren geeignet ist. Menschen mit einer Erdnussallergie sollten es aber meiden und für starkes Braten lieber zu Kokosöl greifen.

TIPP Zur Vertiefung des Themas „Gesunde Fette und ihr Einsatz bei Krankheiten“ empfiehlt sich das Buch „Ran an das Fett“ (Wunderlich Verlag).

Vegane Aufstriche

Unsere Aufstriche sind die perfekte Ergänzung zu unseren Broten. Mit etwas Wasser, Brühe oder Pflanzenmilch verrührt, werden sie im Handumdrehen zu leckeren Dips oder Dressings.

Walnuss-Pilz-Aufstrich mit Miso

Ergibt ca. 200 g • Zubereitungszeit 20 Minuten

125 g braune Champignons putzen, Stiele entfernen und die Kappen würfeln. **2 Schalotten** (60 g) und **2 Knoblauchzehen** (10 g) schälen und hacken. **10 g Petersilienblätter** hacken. Die Pilze in einer Pfanne bei starker Hitze ohne Fett anbraten, an den Rand schieben, **1 ½ EL natives Olivenöl extra** zugießen, Schalotten und Knoblauch darin bei mittlerer Hitze glasig andünsten, dann mit den Pilzen mischen und herausnehmen. Pilzmischung, Petersilie, **30 g Walnusskerne** und **3 TL weiße Misopaste** (15 g) im Blitzhacker pürieren. Mit **Salz, schwarzem Pfeffer aus der Mühle, Cayennepfeffer** und **1 TL abgeriebener Zitronenschale** abschmecken.

Nährwerte pro 100 g: 206 kcal, F 18 g, KH 6 g, B 3 g, EW 6 g

Cashew-Aufstrich mit getrockneten Tomaten, Knoblauch und Thymian

Ergibt ca. 200 g • Zubereitungszeit 20 Minuten plus mind. 4 Stunden Einweichen

80 g Cashewkerne Natur mindestens 4 Stunden, besser über Nacht, in Wasser einweichen (danach wiegen sie etwa 120 g), abgießen, abbrausen und abtropfen. **20 g getrocknete Tomaten** (ohne Öl) 20 Minuten in lauwarmem Wasser einweichen, ausdrücken und hacken. **1 Knoblauchzehe** (5 g) schälen und hacken. **½ rote Chilischote** (10 g) entkernen, waschen und hacken. Alles mit **3 EL Wasser, 5 g Hefeflocken** und **1 EL Apfelessig** im Blitzhacker fein pürieren. **1 TL getrockneten Thymian** untermischen und mit **Salz, schwarzem Pfeffer aus der Mühle** und **1 Prise Cayennepfeffer** abschmecken.

Nährwerte pro 100 g: 269 kcal, F 19 g, KH 13 g, B 3 g, EW 10 g

Süßlicher Aufstrich aus Cashews, Datteln und Aprikosen

Ergibt ca. 200 g • Zubereitungszeit 15 Minuten plus mind. 4 Stunden Einweichen

50 g Cashewkerne Natur mindestens 4 Stunden oder über Nacht in Wasser einweichen. Abgießen. **25 g entsteinte getrocknete Datteln** und **50 g getrocknete Soft-Aprikosen** hacken und mit **Cashews, 1 ½ EL Apfelessig, 1 ½ EL Arganöl** (oder mildem Olivenöl), **1 Prise Salz** und **1 Prise frisch geriebener Tonkabohne** im Blitzhacker so fein wie möglich pürieren.

Nährwerte pro 100 g: 307 kcal, F 19 g, KH 26 g, B 7 g, EW 6 g

Mediterraner Auberginen-Aufstrich

Ergibt ca. 200 g • Zubereitungszeit 30 Minuten plus 15 Minuten Abkühlen

1 kleine Aubergine schälen, würfeln (ergibt 150 g), in ein Sieb geben, **salzen** und Wasser ziehen lassen. Inzwischen **1 rote Zwiebel** (70 g) schälen, würfeln und in **1 EL nativem Olivenöl extra** andünsten. **2–3 Knoblauchzehen** (10–15 g) schälen, hacken und mitdünsten. Auberginenwürfel mit Küchenpapier gut ausdrücken. Zwiebeln an den Rand schieben, **1 EL natives Olivenöl extra** zugießen, Auberginen darin anbraten, dann mit den Zwiebeln mischen und 7–8 Minuten unter häufigem Rühren bei mittlerer Hitze braten. **30 g Tomatenmark** und **1 TL Sambal Oelek** einrühren und weitere 7–10 Minuten dünsten. Abkühlen lassen und mit dem Stabmixer pürieren. **1 TL getrockneten Thymian** und **1 TL getrocknetes Basilikum** einrühren, mit **schwarzem Pfeffer aus der Mühle** würzen. Weiteres Salz ist nicht nötig.

Nährwerte pro 100 g: 169 kcal, F 15 g, KH 6 g, B 3 g, EW 2 g

Flexitarische Aufstriche

Schinken-Kresse-Aufstrich

Für 2 Portionen • Zubereitungszeit 15 Minuten

100 g gekochten Schinken (dünn geschnitten) 2 mm klein würfeln. **½ Beet Gartenkresse** und **1 TL eingelegte Kapern** sehr fein hacken. **25 g weiche Butter** mit **75 g Doppelrahmfrischkäse** verrühren, Schinkenwürfel und gehackte Zutaten untermischen. Mit wenig **Salz, schwarzem Pfeffer aus der Mühle** und **1–2 Prisen Chiliflocken** würzen.

Nährwerte pro Portion: 243 kcal, F 21 g, KH 2 g, B 0 g, EW 12 g

Eier-Tomaten-Aufstrich

Für 2 Portionen • Zubereitungszeit 15 Minuten

2 Eier (Größe M) 10 Minuten hart kochen, eiskalt abschrecken, pellen und fein hacken. Inzwischen **75 g Doppelrahmfrischkäse** mit **50 g Joghurt Natur** (3,5 % Fett), **10 g Tomatenmark** und **1 TL Dijonsenf** (5 g) glatt rühren. **30 g getrocknete Tomaten in Öl** abtropfen, sehr fein hacken und untermischen. Mit **1–2 Spritzern Zitronensaft, 1 TL abgeriebener Zitronenschale, Salz, schwarzem Pfeffer aus der Mühle** und **1 Prise Cayennepfeffer** abschmecken. Eier unterheben. Mit etwas **frisch gehackter Petersilie** oder **Basilikum** bestreuen.

Nährwerte pro Portion: 239 kcal, F 18 g, KH 6 g, B 0 g, EW 13 g

Pfeffriger Räucherlachs-Aufstrich

Für 2 Portionen • Zubereitungszeit 15 Minuten

½ grünen Apfel (entkernt 70 g) ungeschält fein reiben und mit **1 EL Zitronensaft** und **75 g Doppelrahmfrischkäse** verrühren. **2 TL eingelegte grüne Pfefferkörner** hacken und mit **1 TL abgeriebener Zitronenschale** sowie **1 EL gehacktem Dill** untermischen. **75 g Räucherlachs** sehr fein würfeln und unterheben. Salz ist nicht notwendig. Mit einigen **Dillspitzen** garnieren.

Nährwerte pro Portion: 245 kcal, F 18 g, KH 6 g, B 1 g, EW 15 g

Forellen-Meerrettich-Aufstrich

Für 2 Portionen • Zubereitungszeit 15 Minuten

75 g Crème fraîche (24 % Fett) mit **50 g Joghurt Natur** (3,5 % Fett), **10 g Mayonnaise** (80 % Fett), **1 TL Dijonsenf** (5 g) und **1 EL frisch geriebenem Meerrettich** verrühren. Mit **1 TL abgeriebener Zitronenschale, 1 fein gehackten Frühlingszwiebel** (15 g), etwas **Salz** und **schwarzem Pfeffer aus der Mühle** vermengen. **125 g geräuchertes Forellenfilet** mit zwei Gabeln fein zerpflücken und unterheben. Nach Belieben mit **1 kleinen Handvoll Gartenkresse** (5 g; alternativ rote Senfsprossen; Microgreens siehe Seite 114) bestreuen.

Nährwerte pro Portion: 232 kcal, F 17 g, KH 4 g, B 0 g, EW 16 g

Powerriegel

Unsere Powerriegel enthalten zwar Fruchtzucker in Form von Trockenfrüchten, doch zusammen mit Nüssen, Haferflocken und anderen Superfoods liefern sie auch ganz schön viel Energie und sind ideal für unterwegs – oder als Dessert.

Abhängig davon, wie trocken oder saftig die Trockenfrüchte sind, werden bei Bedarf 2–4 TL Wasser zugegeben, gerade so viel, dass die Masse zusammenhält. Diese in 6 Portionen teilen, in eine 6er-Silikonform für kleine Riegel (3 × 9 × 1,5 cm) pressen und vorsichtig wieder herausdrücken. Die rohen Riegel auf ein mit Backpapier ausgelegtes Backblech legen und im vorgeheizten Backofen (Mitte) bei 60 °C Umluft etwa 2 Stunden trocknen. Sie sollen außen trocken und innen saftig sein. Anschließend auskühlen lassen und in einer Clipbox zwischen Lagen von Backpapier im Kühlschrank aufbewahren. Innerhalb von 1 Woche verzehren.

Powerriegel „Macadamia-Aprikose"

Ergibt 6 Stück • Zubereitungszeit 20 Minuten plus 2 Stunden Trocknen

20 g Macadamianüsse (geröstet und gesalzen) grob hacken und beiseitestellen. **40 g entsteinte getrocknete Datteln** und **60 g getrocknete Soft-Aprikosen** hacken und mit weiteren **40 g Macadamianüssen** (geröstet und gesalzen), **40 g feinen Haferflocken, ¼ TL gemahlener Vanille, 1 TL abgeriebener Zitronenschale** und **1 Prise Salz** im Blitzhacker fein mixen. Herausnehmen, zu einem Teig kneten, falls nötig, etwas Wasser einarbeiten. Wie oben beschrieben fortfahren.

Nährwerte pro Stück: 134 kcal, F 8 g, KH 13 g, B 4 g, EW 2 g

Powerriegel „Pekannuss-Kakao"

Ergibt 6 Stück • Zubereitungszeit 20 Minuten plus 2 Stunden Trocknen

90 g entsteinte getrocknete Datteln hacken, mit **40 g feinen Haferflocken, 50 g Pekannusskernen, 3 TL dunklem Kakaopulver** (10 g), **1 Prise Salz, 1 TL abgeriebener Orangenschale** und **1 Prise Cayennepfeffer** im Blitzhacker feinkrümelig zerkleinern. Herausnehmen, zu einem Teig kneten und, falls nötig, etwas Wasser einarbeiten. Dann **20 g Kakaonibs** unterkneten. Wie oben beschrieben fortfahren.

Nährwerte pro Stück: 140 kcal, F 8 g, KH 15 g, B 4 g, EW 3 g

TIPP Wer rohvegane Riegel wünscht, trocknet die Riegel bei 43 °C in einem Dörrapparat. Die Dörrzeit ist von der gewünschten Konsistenz abhängig. Grundsätzlich kann man alle Riegel auch ohne Trocknen genießen.

Powerriegel „Cashew-Tonka"

Ergibt 6 Stück • Zubereitungszeit 20 Minuten plus 2 Stunden Trocknen

90 g entsteinte getrocknete Datteln hacken, mit **40 g feinen Haferflocken, 40 g Cashewkernen Natur, 1 Prise Salz** und **1 Prise frisch geriebener Tonkabohne** im Blitzhacker feinkrümelig zerkleinern. Herausnehmen, zu einem Teig kneten, falls nötig, etwas Wasser einarbeiten. Weitere **20 g Cashewkerne** grob hacken und in den Teig kneten. Wie links oben beschrieben fortfahren.

Nährwerte pro Stück: 152 kcal, F 5 g, KH 22 g, B 4 g, EW 4 g

Powerriegel „Mandel-Himbeere"

Ergibt 6 Stück • Zubereitungszeit 20 Minuten plus 3 Stunden Trocknen

15 g gefriergetrocknete Himbeeren, 50 g blanchierte Mandelkerne und **40 g feine Haferflocken** im Blitzhacker zu Mehl zerkleinern. **1 kleinen Apfel** (geschält, entkernt) in Stücke schneiden, mit **1 EL Zitronensaft** beträufeln und mit **25 g weißem Mandelmus, 1 Prise Salz** und **1 EL mildem nativem Olivenöl extra** dazugeben. Alles sehr fein mixen. Herausnehmen, zu einem Teig kneten, Wasser ist eher nicht nötig. Wie auf Seite 180 beschrieben fortfahren, aber etwas länger trocknen lassen, da diese Masse etwas klebriger ist.

Nährwerte pro Stück: 133 kcal, F 9 g, KH 8 g, B 3 g, EW 4 g

Powerballs

Unsere Powerballs enthalten weniger – oder keine – Datteln, als es üblich ist, dafür aber eine Extraportion Gemüse. Sie sind super für unterwegs oder als gesunde Zwischenmahlzeit. Drei bis vier Stück ersetzen ein Frühstück. In einer Clipbox im Kühlschrank aufbewahren und innerhalb von 4–5 Tagen verbrauchen.

Powerballs „Karotte-Cashew"

Ergibt 12 Stück • Zubereitungszeit 20 Minuten

35 g Cashewkerne Natur im Blitzhacker zu „Grieß" zerkleinern und beiseitestellen. **150 g Karotten** schälen, grob in Stücke schneiden und im Blitzhacker fein hacken. **50 g entsteinte getrocknete Datteln** klein schneiden, zusammen mit **25 g feinen Haferflocken**, weiteren **40 g Cashewkernen Natur, 1 Prise Salz** und **1 Prise Chiliflocken** dazugeben und alles feinkrümelig hacken. Herausnehmen, verkneten und aus der Masse zwölf gleich große Bällchen formen. Zum Schluss im Cashew-„Grieß" wälzen.

Nährwerte pro Stück: 59 kcal, F 3 g, KH 6 g, B 1 g, EW 2 g

Powerballs „Rote-Bete-Kakao"

Ergibt 12 Stück • Zubereitungszeit 20 Minuten

35 g Pekannusskerne im Blitzhacker zu grobem „Grieß" zerkleinern und beiseitestellen. Weitere **40 g Pekannusskerne** grob hacken und ebenfalls beiseitestellen. **100 g Rote Beten** schälen, grob in Stücke schneiden und im Blitzhacker fein hacken. **60 g entsteinte getrocknete Datteln** klein schneiden, zusammen mit **35 g feinen Haferflocken, 1 Prise Salz** und **25 g dunklem Kakaopulver** hinzugeben und alles hacken. Herausnehmen, die grob gehackten Pekannüsse untermischen und aus der Masse zwölf gleich große Bällchen formen. Zum Schluss im Pekannuss-„Grieß" wälzen.

Nährwerte pro Stück: 78 kcal, F 5 g, KH 6 g, B 2 g, EW 2 g

Powerballs „Süßkartoffel-Haselnuss"

Ergibt 12 Stück • Zubereitungszeit 20 Minuten

125 g Süßkartoffel schälen, grob in Stücke schneiden und im Blitzhacker zu „Grieß" zerkleinern. **50 g entsteinte getrocknete Datteln** klein schneiden, zusammen mit **25 g feinen Haferflocken, 20 g gemahlenen Haselnusskernen, 1 Prise Salz** und **¼ TL gemahlener Vanille** dazugeben und alles feinkrümelig hacken. Herausnehmen, mit **25 g Haselnussmus** verkneten und aus der Masse zwölf gleich große Bällchen formen. Zum Schluss in weiteren **20 g gemahlenen Haselnusskernen** wälzen.

Nährwerte pro Stück: 64 kcal, F 4 g, KH 7 g, B 1 g, EW 1 g

Powerballs „Pastinake-Kokos"

Ergibt 12 Stück • Zubereitungszeit 20 Minuten

150 g Pastinake schälen, grob in Stücke schneiden und im Blitzhacker zu „Grieß" zerkleinern. **40 g Kokosflocken, 25 g feine Haferflocken, 1 Prise Salz** und **1 Prise frisch geriebene Tonkabohne** hinzugeben und alles feinkrümelig hacken. Herausnehmen, mit **50 g Mandelmus** verkneten und aus der Masse zwölf gleich große Bällchen formen. Zum Schluss in weiteren **10 g Kokosflocken** wälzen.

Nährwerte pro Stück: 60 kcal, F 5 g, KH 2 g, B 2 g, EW 2 g

Abspann

DER EINKAUFS- UND ERNÄHRUNGSASSISTENT FÜR UNSERE KOCHBÜCHER

Abschreiben oder Abfotografieren war gestern
Rezepte aus unseren Kochbüchern lassen sich kostenlos auf **www.mengenrechner.de** an individuelle Portionsgrößen anpassen und als E-Mail auf Ihr Smartphone schicken oder gleich dort aufrufen. Zutaten lassen sich streichen, neue Zutaten ergänzen.

Rezept- und Zutatenfilter
Suchen Sie zum Beispiel nach veganen, vegetarischen, glutenfreien, laktosefreien oder nach Rezepten mit Zutaten, die Sie noch vorrätig haben. Speichern Sie Lieblingsrezepte und Einkaufslisten.

Persönlicher Ernährungsassistent
Berechnen Sie wissenschaftlich Ihren täglichen Kalorienbedarf und -verbrauch. Legen Sie Maximalwerte für Kalorien- oder Kohlenhydrataufnahme fest. Führen Sie Tagesprotokolle mit Nährwertbilanz.

Danke

DR. MED. ANNE FLECK

An dieser Stelle danke ich zum einen dem Team hinter diesem Buch. Von ganzem Herzen danke ich vor allem Bettina Matthaei für die Entwicklung fein schmeckender Rezepte nach dem neuesten Stand der Forschung, dem Fotografen Hubertus Schüler für die großartigen Bilder der Rezepte und dem Team des Becker Joest Volk Verlags für die gute Zusammenarbeit. Ein besonderer Dank geht auch an meine Schwester Katharina für die liebevolle Gestaltung des Covers und ihre Illustrationen.

Zum anderen danke ich Ihnen, liebe Leserin, lieber Leser, für die Wertschätzung meiner Arbeit und Ihre Neugier an gesunder, individuell passender Ernährung. Ich wünsche mir, dass auch dieses Buch für eine frische Brise in Ihrem Alltag sorgt und Ihre Begeisterung an ehrlichen Lebensmitteln und mehr Grünzeug immer wieder aufs Neue entfacht.

BETTINA MATTHAEI

Ich danke dem großartigen Team vom Becker Joest Volk Verlag – ganz besonders Johanna Hänichen, Ralf Joest und Caroline Mohr – für die wunderbare und vertrauensvolle Zusammenarbeit. Ein besonders herzliches Danke geht an Anne Fleck für das gemeinsame Finden eines schlüssigen Konzepts, auf dem dieses Buch basiert und das die Entwicklung der Rezepte erst möglich machte. Ein großes Dankeschön an Hubertus Schüler, der aus geschriebenen Rezepten wunderschöne Bilder zaubert, die die Rezepte lebendig machen und dabei immer ästhetisch und appetitanregend sind. Denn genau das wollten wir: leckere und gleichzeitig gesunde Rezepte. Und schließlich danke ich meinen fleißigen Testessern, die wirklich jedes Gericht mit mir probiert haben: Tinki und Vinny, Christoph und Dani und ganz besonders Knut und Ansgar.

Zutaten- und Rezeptregister

Sie suchen ein ganz bestimmtes Gericht oder nach einer Zubereitungsidee für vorrätige Zutaten? Das Register hilft Ihnen schnell weiter: Alle Rezepte aus diesem Buch und die wichtigsten Komponenten sind hier alphabetisch gelistet.

Unsere Leseempfehlung

224 Seiten

Die Grundlagen verstehen

Die Grundlagen der erfolgreichen Doc Fleck Methode nun als Taschenbuch! Dr. med. Anne Fleck, renommierte Präventiv- und Ernährungsmedizinerin, gelingt, woran viele scheitern: Ihre Methode lässt überflüssige Fettpolster kontinuierlich schmelzen. Mit einer kohlenhydratarmen und antientzündlichen Ernährung wird die Darmflora neu aufgebaut und inneres Bauchfett bekämpft. Zudem sinken die Risiken für Herzinfarkt, Schlaganfall, Diabetes, Demenz und Krebs. Die Doc Fleck Methode beruht auf neuesten Erkenntnissen der Ernährungsforschung und ist einfach umzusetzen.

192 Seiten

Leckere Rezepte entdecken

Alle Rezepte aus »Schlank und gesund mit der Doc Fleck Methode« als Taschenbuch! 80 köstliche Gesundrezepte – entwickelt mit Sterneköchin Su Vössing – helfen dabei, die Darmflora ins Gleichgewicht zu bringen, Pfunde zu verlieren und Krankheiten vorzubeugen. Dr. Flecks kohlenhydratarmes und antientzündliches Ernährungskonzept beruht auf neuesten Forschungserkennnissen, wie der PURE Study, der weltweit größten Ernährungsstudie. Mit diesen leckeren und einfachen Gerichten wird gesundes Essen zum Genuss!

goldmann-verlag.de

GOLDMANN